自动问答及智能推荐技术

——基于特色农产品多语言电子商务平台

万福成 著

科学出版社

北京

内 容 简 介

本书基于特色农产品多语言电子商务平台项目的研发过程，着重介绍了其核心技术模块——自动问答及智能推荐技术。其中，第1、2章在介绍自动问答理论的基础上，构建了面向开放域的自动问答系统，以及进行答案选择方法的分析与设计；第3~5章介绍了多语言电子商务系统的产品竞争力分析系统、商品智能推荐系统以及商铺智能推荐系统。

本书可作为计算机相关专业本科生、研究生的参考书，也可作为电子商务领域软件工程技术人员的参考读物。

图书在版编目(CIP)数据

自动问答及智能推荐技术：基于特色农产品多语言电子商务平台/万福成著.
—北京：科学出版社，2024.8
ISBN 978-7-03-073520-1

Ⅰ. ①自⋯ Ⅱ. ①万⋯ Ⅲ. ①农产品-电子商务-智能系统-研究-中国
Ⅳ. ①F724.72

中国版本图书馆 CIP 数据核字(2022)第 194839 号

责任编辑：付 娇 吴超莉 / 责任校对：王万红
责任印制：吕春珉 / 封面设计：东方人华平面设计部

科 学 出 版 社 出版
北京东黄城根北街 16 号
邮政编码：100717
http://www.sciencep.com

北京中科印刷有限公司印刷
科学出版社发行 各地新华书店经销
*
2024 年 8 月第 一 版 开本：787×1092 1/16
2024 年 8 月第一次印刷 印张：9
字数：213 000

定价：96.00 元
(如有印装质量问题，我社负责调换)
销售部电话 010-62136230 编辑部电话 010-62135397-2039

序

  "一带一路"特色农产品多语言电子商务平台是西北民族大学承担的"十二五"国家科技支撑计划项目的研究成果。该平台发挥西北民族大学民族语言学科优势，瞄准民族地区商贸交流存在语言障碍、信息服务薄弱、农产品销售困难的现实困境，聚焦目前国内外缺乏民族语言电子商务平台的瓶颈制约，历经三年获得独立自主产权。其研究目的是"把多语言电子商务平台培育成国际一流的电商品牌，汇聚'一带一路'合作伙伴产品进行交易。"该项目是西北民族大学在信息技术领域 30 多年的科研成果。2018 年 12 月，甘肃省人民政府研究室上报《关于大力推进"一带一路特色农产品多语言电子商务平台"建设的建议》呈阅件，引起甘肃省政府极大重视。随后写入了 2019 年甘肃省政府工作报告。甘肃省先后召开 5 次专题省长办公会研究讨论产业化的实施，西北民族大学牵头组织实施，省政府办公厅、省商务厅、省工信厅全力配合，加快产业化进程，已成立国有公司实施产业化。

  本书作者是特色农产品多语言电子商务平台项目的技术负责人，全程参与了该平台的申请、立项、研发、结项，以及产业化过程。本书从特色农产品多语言电子商务的研发任务出发，对自动问答技术、智能推荐技术的发展进行了系统性的论述，帮助读者深入理解这些技术的原理、相互之间的联系，以及潜在的局限性，对于当前学术界和工业界的相关研究与应用都具有重要的价值。可以说，本书是作者多年深耕于特色农产品多语言电子商务平台研发、产业化的研究结果。

  本书从自动问答和智能推荐基础理论出发，沿深度学习技术、预训练模型的发展轨迹系统讨论了开放域自动问答系统、答案选择方法，还深入讨论了产品竞争力分析系统、商品智能推荐系统、商铺智能推荐系统，内容上兼具广度与深度。

  本书的一大特色是含有丰富的实践内容，极具实战经验。这对刚刚进入人工智能领域并热爱实践与应用的读者而言是一份难得的学习资源，可作为计算机科学、人工智能和大数据专业的本科生、研究生，以及人工智能、大数据应用开发者的参考书，也适合高校教师和研究机构的研究人员阅读。

于洪志

前　　言

2019 年 3 月 18 日，全国进出口工作会议在北京召开，商务部对外贸重点工作进行了部署，会上提出要改革完善跨境电商等新业态扶持政策，积极培育贸易新业态、新模式。2020 年 4 月 7 日，国务院常务会议决定，在已设立 59 个跨境电商综合试验区基础上，再新设 46 个跨境电商综合试验区，从国家层面对人工智能发展、电子商务发展进行了统筹规划和顶层设计。2022 年 8 月 12 日，科技部等六部门联合印发了《关于加快场景创新以人工智能高水平应用促进经济高质量发展的指导意见》，在业界引发广泛关注。

西北民族大学作为国家科技支撑计划项目"新丝路经济带民族特色农产品品牌培育科技示范工程"（项目编号：2015BAD29B00）课题承担单位之一，承担了"民族特色农产品多语言网络交易展示平台关键技术集成与应用示范"课题（课题编号：2015BAD29B01）的研发工作，在自动问答技术、智能推荐技术两方面开展研究工作，从语料库构建、模型搭建以及系统研发，并辅助科学实验、文献对比分析，从多维角度剖析了这两种核心技术。该项目前后累计投入研发经费 1400 万元，其中专项经费 600 万元。研发课题组历时 3 年，2018 年 5 月完成研发任务，10 月顺利结题，并于 2019 年年初开始实施产业化。

本书所研究的自动问答及智能推荐技术，来源于课题要解决的关键性技术问题：特色农产品多语言互联网交易展示平台、特色农产品交易数据挖掘及产品智能推荐。其中，多语言互联网交易展示平台需要使用跨语言垂直搜索引擎技术解决同一类型商品在不同平台的检索问题，使用跨语言信息检索技术解决同一平台下不同语言同一商品的检索问题，使用自动问答技术解决平台中商品、用户、商铺、即时通信中的检索问题。这些都是本书中涉及的具体科学问题，也是在研发过程中积累的技术成果。

本书的撰写和审定工作由西北民族大学万福成完成，在本书出版之际，感谢西北民族大学特色农产品多语言电子商务平台科研团队的于洪志、何向真、徐涛、孟祥和、马宁的指导和建议，感谢项目组的曹亚茹、王策、杨方韬、任圳洋、熊章远、吴甜甜在数据构建、实验等方面做的大量工作，感谢项目组的国旗、王双、杨逸民、王哲、魏斌、敬容在图表制作等方面的辛苦工作，感谢西北民族大学信息院的各位同人，同时感谢我的父母、妻子以及儿女，感谢他们对我一如既往地支持。

本书的出版得到了西北民族大学中央高校基本科研业务费项目"计算机科学与技术学科科研平台群建设"（项目编号：31920230004）、西北民族大学计算机网络与信息安全创新团队项目、西北民族大学计算机科学与民族信息技术一流学科建设，以及语言与文化计算教育部重点实验室的支持。

　　自动问答及智能推荐技术是自然语言处理领域的核心技术。由于作者水平有限，加之计算机技术的发展迅速，本书难免存在疏漏之处，欢迎广大读者批评指正。

目　　录

绪　论

当前电商行业蓬勃发展势头正劲，但由于大型电商平台很少加载民族语言或者小语种外语，而有的农户和消费者又需借助互联网进行"面对面"的交流，于是便出现了交流不畅的局面。在此种情况下，由于洪志教授牵头的科研团队，开发了特色农产品多语言电子商务平台。该平台旨在消除商贸交流存在的语言障碍，助推特色农产品进入国际市场，让少数民族地区的民众轻松做"世界生意"，为国际减贫提供"中国智慧"。

特色农产品多语言电子商务平台的整体研发思路是：应用多语言信息处理技术，对特色农产品资源进行挖掘与整理，建立多语言特色农产品信息库，研究多语言信息检索技术，制作特色农产品信息的数字化展示，研发大数据环境下特色农产品的推荐系统，实现基于云计算的特色农产品多语言电子商务平台，为农产品商户和各地区的客户搭建信息沟通的桥梁，消除语言障碍，实现跨地区交易。

该平台的研发思路和研究内容如下。

1. 面向多语言的信息检索

面向多语言的信息检索主要是研究多语言农产品信息检索系统架构，提供以用户熟悉的语言为工具来检索特色农产品相关的资源、信息、技术等服务，最终以多种语言的选择性结果作为呈现，为用户提供多粒度、全方位的面向特色农产品的多语言信息的录入与检索功能。该模块重点解决多语言资源的获取、查询字词和待检索项的语言识别、词汇切分、检索结果排序等问题。

2. 特色农产品多语言网络展示平台

特色农产品多语言网络展示平台以数字化形式展示特色农产品，包括多种文字的介绍和每种具体农作物的图片，并合理配置地图操作工具和其他界面要素的布局，实现在地图中动态获取农产品多媒体信息的功能。

3. 基于云计算的特色农产品多语言电子商务平台

特色农产品多语言电子商务平台按功能和应用划分，主要包括：①特色农产品云平台的接入。特色农产品云平台接入技术主要包括互联网、移动网、电视网等接入方式及其技术融合。②特色农产品云交易平台。支撑特色农产品云交易平台所需的虚拟化技术、分布式海量数据存储技术、分布式并行计算技术等技术；支撑特色农产品云交易平台业务所需的电子交易、交收登记、资金结算、风险控制、仓储物流管理等功能。③特色农产品云服务平台。特色农产品云平台服务内容包括客户关系云服务中心、农技培训云服务中心、电子农务云服务中心等。④信息云服务中心。该中心统计分析平台用户，针对不同用户的不同需求提供个性化信息。

4. 特色农产品多语言互联网交易展示平台

特色农产品多语言互联网交易展示平台主要是以多语言网络交易平台为核心，对展示平台、交易平台和辅助决策支持系统进行深度耦合与集成，形成一个功能齐备的集成平台，并以企业为主导对平台进行推广应用。

5. 特色农产品交易数据挖掘及产品智能推荐

特色农产品交易数据挖掘及产品智能推荐系统深度分析产品供求规律和需求趋势，为政府、企业和个人提供指导意见。该系统研究的内容主要包括以下两个方面：①用海量交易数据作为基础的特色农产品交易数据挖掘，运用统计分析和多关系聚类技术研究商品价格走势、商品销量动态规律、商品销量分布、消费者购买行为影响因素，并建立统计模型，实现对商品变动趋势、价格趋势以及异常交易的监测功能；②产品的智能推荐。根据用户的实际交易情况及对访问平台的痕迹数据进行智能分析，实现对特色农产品的智能推荐，提高用户购买效率和特色农产品的交易量。

6. 特色农产品数据库

根据现有国家初级农产品分类和规范，结合区域和特色建立特色农产品分类、筛选标准，建成特色农产品标准体系，以完成区域特色农产品基本信息库建设。该数据库以中文、英文等多种语言进行展示，内容主要包括农产品品质、生产法规、生态背景、种质资源等在内的一系列农产品相关基础数据和特色农产品的基本信息（产地、名录、功效和相关技术标准等）。

特色农产品多语言电子商务平台，从应用和功能的角度划分为"3S"层次，即展示（show）、交易（sale）、服务（serve），以及接入和安全保障技术。自动问答技术类属于服务的一部分，为平台即时通信提供技术服务。这是因为平台研发过程中的通信数据较少。

基于以上内容，本书着重对特色农产品多语言电子商务平台的核心技术模块——自动问答技术和智能推荐技术进行解析和引申。

在第 1、2 章，首先，讲解自动问答基础理论；然后，构建面向开放域的自动问答系统以及研究答案方法的选择；最后，引出自动问答系统的建模方法以及对答案库中候选内容的处理方法。

在第 3~5 章，首先，介绍智能推荐系统基础理论；然后，将其引申到实际应用层面，即产品推荐、商铺推荐模块的建立；最后，解决如何将入驻本平台的商家和商品精准推荐给用户的问题。

第 1 章 面向开放域的自动问答系统构建

由于传统的基于关键字的信息检索方法存在准确性低、信息冗余量大、需要用户自己筛选大量文档等缺点，因此，传统的检索方式已经很难满足用户在信息检索中的需求。随着自动问答系统的出现，计算机可以直接查询用户输入的自然语言内容，理解和分析用户输入的自然语言语句，然后返回简洁、准确的答案。因此，自动问答系统已成为自然语言处理和信息检索领域的共同研究方向和核心任务。

目前，主流的电子商务平台主要采用两种方式展现即时通信系统。一种是内嵌的方式，就是基于本身的电子商务平台，采用同样的架构、开发语言搭建即时通信模块；另一种是采用松耦合的方式，即时通信系统与电子商务平台的架构、开发语言分离，以第三方软件包的方式集成到电子商务系统中。特色农产品多语言电子商务平台采用第二种方式，主要考虑的因素是研发过程中的数据信息相对较少，因而借鉴目前主流的自动问答技术的模型进行模拟实验，从而方便移植到真实环境中。

1.1 背景介绍

自动问答技术用计算机直接查询用户输入的自然语言问题，理解和分析用户输入的自然语言语句，返回简洁、准确的答案，提高用户的查询效率。自动问答系统已成为自然语言处理和信息检索领域的共同研究方向和核心任务。本章主要介绍自动问答系统的构建。

自动问答系统[1]是对传统检索系统的改进。与传统搜索引擎相比，自动问答系统有两个明显的优势：第一，在使用自动问答系统时，人们可以用日常自然语言提问，但传统搜索引擎需要用户组织搜索内容的关键词，这不符合用户的日常操作习惯；第二，自动问答系统为用户提供简洁、准确的答案，而传统搜索引擎要求用户自己过滤答案。

在分析搜索引擎日志的过程中，发现用户搜索问题包含一些自然语言的表达类型，如"如何使用支付宝的花呗？"，这表明用户越来越多地用自然语言来描述和表达问题。传统搜索引擎的搜索基于一组关键词，但在大多数情况下，用户很难精确地使用几个关键词来表达自己的需求。同时，传统的搜索引擎返回包含大量文档的网页链接，用户需要进行简单的筛选、过滤才能获取所需信息。

传统搜索引擎提供的服务与用户的实际需求之间存在两个严重分歧：一种是传统搜索引擎的关键词与用户自然语言表达方式之间的分歧；另一种是传统搜索引擎返回的信息内容与用户所需信息之间的分歧。如果自动问答系统能够用自然语言与用户交互，用户就可以用自然语言准确地描述他们的信息需求。当前，面向开放域的自动问答系统已经成为自然语言检索和自然语言处理领域的一个热门话题[2]。从技术发展的角度看，随着计算机硬件设备处理速度的提高，信息检索、自然语言处理、人工智能等相关领域发展迅速，为自动问答系统的发展奠定了基础。

自动问答系统的产品在生活中得到了广泛的应用。例如，以京东为代表的智能客户服务，以天猫精灵和小爱机器人为代表的智能语音终端，以及 Siri（苹果智能语音助手）等虚拟人工智能助手等。一般问答系统的构建需要将领域知识转化为一系列规则和结构化知识，构建过程高度依赖人工。近年来，随着深度学习技术在自然语言处理中的应用，基于神经网络的模型[3]可以将问题、语料库、答案表示为具有语义特征的向量，有效地解决了高维模型的计算复杂度问题。

在调研当前学术界和工业界的自动问答系统的基础上，本书结合电子商务即时通信系统的需求，采用 Java 语言搭建自动问答系统。下面介绍自动问答系统搭建的整体流程。

1.2 模型设计

面向开放域的自动问答系统根据数据来源，可分为基于知识图谱的自动问答系统和基于非结构化文档的自动问答系统。

在基于知识图谱的自动问答系统[4]中，对于 Web 数据资源，使用资源描述框架（resource description framework，RDF）表示，也就是知识图谱。在基于非结构化文档的自动问答系统[5]中，数据主要是来自互联网的大量相关文档的集合，万维网是目前主要的数据来源之一。

面向开放域的自动问答系统主要由 3 个模块组成：问题分类技术模块、候选答案评分模块以及答案抽取模块[6]，如图 1.1 所示。

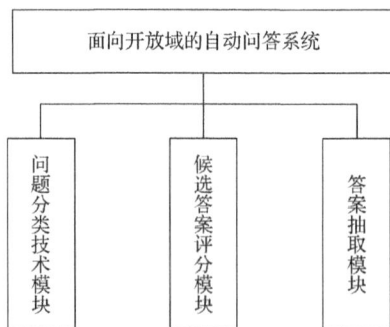

图 1.1 面向开放域的自动问答系统

1.2.1 问题分类技术模块

问题分类技术模块是自动问答系统构建的第一个环节。此阶段需进行问句预处理，以及问句分析，预处理阶段包括分词及停用词去除，问句分析环节最核心的工作是命名实体识别（named entity recognition，NER），确定问句中的人名[7]、地名、时间、机构名、数字 5 个要素[8]，并根据以上要素预定义各类问题句的匹配模式。

问句分类过程如下：①疑问句的预处理与分析；②将预先定义的问题类型模式与疑问句进行定期匹配；③根据得出的匹配结果来确定问题类别。

使用 Java 和 Maven 构建一个面向中文的开放域自动问答系统[9]。使用 MySQL 数据库创建两个数据表。问题表是 U_QS，用于存储证据和问题，证据是指本地数据库的句子集合或经互联网检索得到的句子集合。由于还不是答案，而是正确答案的候选，因此，称为"证据"，由图 1.2 自动问答系统的总体结构能够得到证据与答案之间的关系。为方便起见，可以将证据作为答案的前期集合，需要进一步提取成候选答案集合。证据表是 U_EV，用于存储证据片段，以便在出现重复问题时直接提取答案。

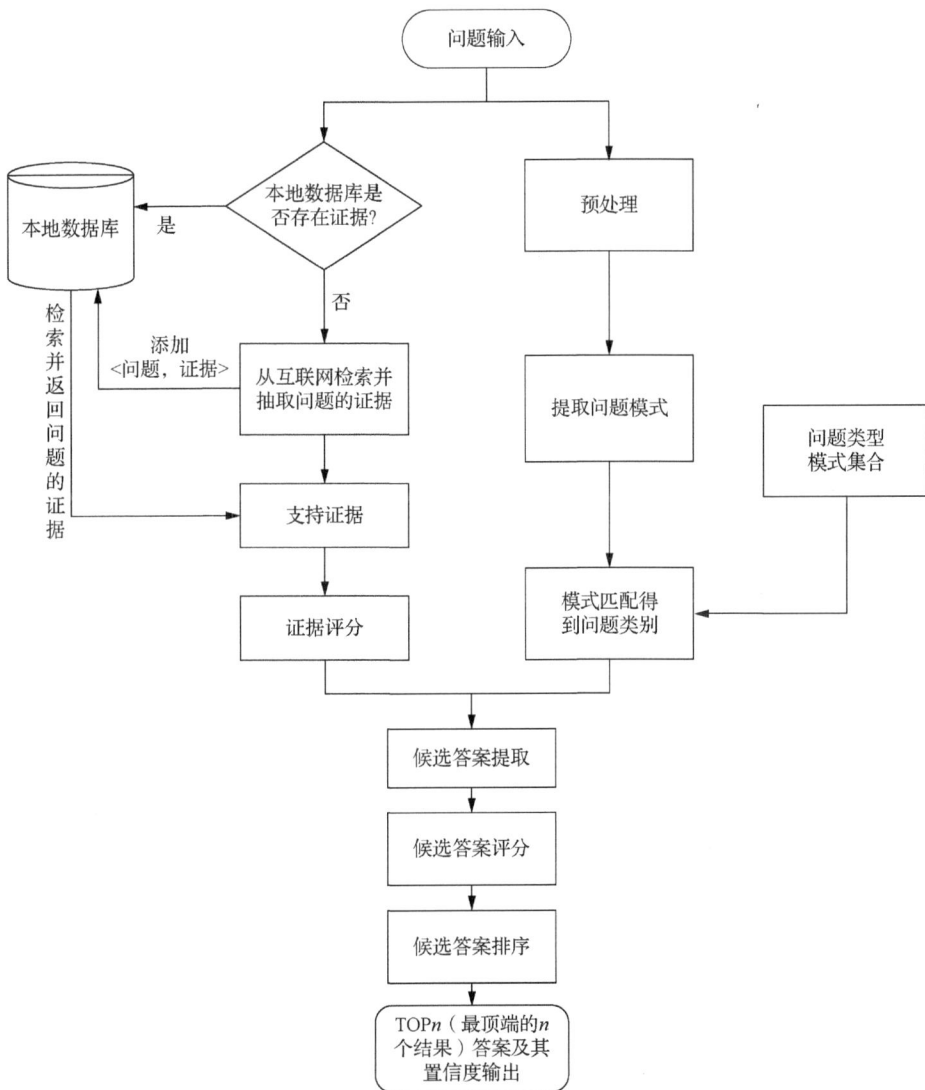

图 1.2　自动问答系统的总体结构

1.2.2 候选答案评分模块

证据来源于本地数据库和网络信息两个方面，是经过分析提取后的候选答案集合。在对候选人回答的评分模型建模时[10]，用于对候选人回答的质量进行评分，从而确定和选择最准确的答案。评分过程主要包括：①对问句进行预处理和分析，以确定答案的类型，选择与候选答案类型相同的证据片段作为候选答案；②使用候选答案的评分模型对每个候选答案进行评分，可以选择 8 种评分模型中的一种作为答案最终评分模型。8 种评分模型详见 1.4.2 节候选答案评分模型。评分方法的权重乘积结果和评分模型的评分结果是候选回答的最终得分。每个主题专业模型（topic expertise model，TEM）评分方法都有一个与之相关的特定权重。该权重初值为 1。

问句分类需使用分词技术。分词在自然语言处理中起着关键作用，决定后续数据处理的质量。词性标注是在分词的基础上，判定给定句子中每个词最合适的词性，为后续的句法分析、语义分析提供技术支持。在问句分类技术中，模式匹配基于以下 3 种模板：第一种是基于主谓宾语成分的匹配，第二种是基于分词的匹配，第三种是直接匹配。

在图 1.2 中，右侧流程为问题分类过程。首先对问题进行预处理，通过分词、词性标注、依据句法分析等一系列操作提取问题模式，然后将提取的问题模式与问题类型模式进行模式匹配，得出结果为问题类别[11]。

图 1.2 中，左侧流程为证据片段处理过程。首先，将问题与数据库中的<问题，证据>对匹配，若是有合适的匹配结果，则直接取出支持证据；若没有合适的匹配结果，则将问题放入互联网中进行匹配搜索，并将得到的搜索结果以<问题，证据>对的形式存储到本地数据库中，便于以后使用，再将得到的<问题，证据>对加入支持证据中，随后在证据评分模型中进行证据评分。

最后使用候选答案评分模型对最终答案进行评分，并采用排序法给出最合适的答案。

1.2.3 答案抽取模块

答案抽取算法是一种自然语言处理算法，用于从文本中抽取出与问题相关的答案。它通常用于问答系统中，帮助用户快速找到问题的答案。答案抽取算法可以通过语言模型、实体识别、句法分析等技术，从给定文本中识别出与问题相关的信息，并将其转化为可理解的答案形式，如短语、句子或段落。答案抽取算法可应用于多种情境，如信息检索、智能客服、语音识别等领域。

候选答案评分模块之后的环节是答案抽取模块，将每一个候选答案的评分作为依据，并结合答案抽取算法进行最终答案的抽取。

答案抽取分为两步，第一步是抽取答案句，第二步是在答案句中抽取答案。答案抽取模型的核心原理是使用双向长短时记忆（bi-directional long short-term memory，Bi-LSTM）网络对问句和答案句进行特征提取，然后使用卷积神经网络（convolutional neural network，CNN）中的池化层对特征进行下采样，剔除冗余的特征信息。

对于自动问答系统中的答案抽取问题,相对于传统的问句语义和证据片段语义关系匹配的方法,可以将其看作一种信息检索和序列标注问题,即将给定问题放入搜索引擎进行检索,将证据片段爬取下来并进行断句作为候选答案句。答案抽取模型可标注出可能包含答案的句子,详细流程参见 1.5 节。

1.2.4　系统开发环境

系统开发环境见表 1.1。

表 1.1　系统开发环境

程序	版本
计算机系统	Windows 7、8 或 10
开发工具	Eclipse-Oxygen
JDK 版本	1.80
Maven 版本	3.5.3
数据库	MySQL

Maven 是项目管理工具,在多团队开发、项目分配、文档协作等方面有着优秀的协调管理作用[12],为项目周期设置标准和规范,可以在短时间内完成工作的配置,多任务同时自动化设置是其最大的特点,可以让开发者在最短的时间内更好地了解整个开发过程。它还具有以下特点:①封装项目细节。它使项目的构建过程更加简单,让用户无须了解底层结构即可轻松构建整个项目。②统一项目建设标准。使用项目对象模型(project object model,POM)定义和构建项目。它与所有使用 Maven 插件的项目共享。因此,Maven 项目可以轻松上手,节省了解项目结构所花费的时间。③提供项目信息。可以通过分析 POM 信息和项目源代码(命令要在 pom.xml 所在目录中执行),为用户提供所需的项目信息,可以基于 POM 为用户提供更多的产品相关信息。④提供指导方针,包括最新开发指导手册,并为项目工作流程提供帮助。

(1)项目对象模型(POM)

项目对象模型通过配置项目根目录下的 pom.xml 文件来实现。XML 文件提供了 Maven 项目的项目名称、owner 对其他项目的依赖等主要配置信息。首先,配置子项目 POM 文件;然后,配置总项目 POM 文件,用于子项目的统一管理和编译;最后,进行配置文件的校对和测试工作。

(2)项目周期

构建生命周期是 Maven 的核心概念[13]。default、clean、site 是 3 个生命周期:default 周期负责处理项目部署,clean 周期负责周期内的项目清理,site 周期负责创建项目网站文档。default 默认周期主要构造阶段说明见表 1.2。

表 1.2　default 默认周期主要构造阶段

阶段名称	功能	功能说明
Validate	验证	确保当前配置和 POM 的内容是有效的,包含对 pom.xml 文件树的验证
Initialize	初始化	在执行构建生命周期的主要任务之前进行初始化

续表

阶段名称	功能	功能说明
Compile	编译	编译源代码，编译过的类被放到目标目录树中
Test Package	测试打包	运行编译过的单元测试并累计结果，将执行的二进制文件打包到一个分布式归档文件中，如 jar 或 war
Verify	检验	检验可部署归档的有效性和完整性，过了这个阶段，将安装该归档
Install	安装	将归档添加到本地 Maven 仓库中，让其他可能依赖该归档的模块可以使用它
Deploy	部署	将归档添加到远程 Maven 仓库中，让这个工件能为更多人所用

（3）依赖

在进行项目开发时，模块间的依赖关系一直是项目开发的关键问题。针对此种情形，Maven 为项目提供了一种高度控制的方法。在项目中，如果需要对某个 jar 包进行引用，只需在 pom.xml 中进行配置导入。Maven 通过读取项目文件（pom.xml），找出项目之间的依赖关系。当项目进入源代码和处理资源，帮助开发人员根据 POM 下载依赖时，会自动解析项目的依赖，从中央仓库下载需要的包，也可手动配置内部的中央仓库来进行包的下载。

对于轻量级软件架构开发项目，好的项目管理工具必不可少。Maven 作为项目管理工具，不仅拥有项目对象模型、标准集合、项目生命周期、依赖管理系统，可以帮助用户将项目构建得更科学、更有可维护性、更模块化、更具有可复用性，还拥有运行生命周期阶段定义的插件目标的逻辑。对于大型系统，使用 Maven 作为项目管理工具可以有效协调分工[14]，因为 Maven 提供了一种让团队更科学地管理、构建项目的思想。将 Maven 应用于 Spring MVC 的轻量级软件架构有以下几种方式。

1）定义 pom.xml 文件，这是 Maven 脚本的基础。

2）Maven 是基于中央仓库编译的，所有资源文件都存储在中央仓库中。开始编译时，Maven 自动匹配相对应的依赖包。

3）Maven 还为项目提供了很多额外的脚本，使构建项目更科学、更有可维护性、更模块化。

Maven 工作原理如图 1.3 所示。

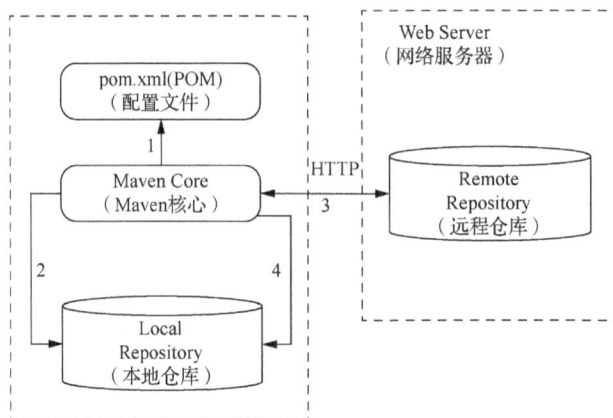

图 1.3　Maven 工作原理

1.2.5　问答数据库

在自动问答系统中,主要有两种数据结构,一种是证据片段信息,证据可以看成是候选答案的前身;另一种是问句信息,具体描述见表 1.3。

表 1.3　问句信息

数据结构类型	属性	类型
Question (问句)	问题	字符串
	支撑证据	证据列表
	问题类型	枚举
	预期答案	字符串
	候选问题类型	问题类型集合
	候选答案过滤器	方法

表 1.3 中的"问题"是指问句信息;"支撑证据"是指从网页中使用爬虫技术获取的证据片段;"问题类型"是指问题经过分类后得到的结果;"预期答案"是指在支撑证据的基础上候选答案的集合;"候选问题类型"是指问题分类中经过分类评分后得到的最终结果;"候选答案过滤器"是指在候选答案集合的基础上通过设定过滤规则,过滤掉不符合预期结果的答案。

证据答案信息见表 1.4。"标题"是指证据片段的标题;"片段"是指候选答案的子集,多个片段组合在一起可以形成候选答案;"得分"是指通过证据评分模型得到的分数;"候选答案"是指通过候选答案排序模型得到的<答案,得分>集合。在这里,标题中的证据和正文中的证据打分机制不同,标题中的证据打分要高于正文中的证据打分。从直观上理解,当搜索问题时,如果能在标题中找到答案,则用户很少会继续阅读全文。

表 1.4　证据答案信息

数据结构类型	属性	类型
Evidence (证据)	标题	字符串
	片段	字符串
	得分	双精度浮点型
	候选答案	<答案,得分>集合

1.3　问题分类算法

问答系统的构建,一方面需要对用户提供的问句进行理解;另一方面,需要使用自然语言处理技术完成正确答案的生成。问答系统的构建一般分为 3 个阶段:问句分析、信息检索和答案抽取。构建问答系统,首先必须准确理解问句,这是问题回答的基础,因此问句分析结果对问答系统的构建有着十分重要的影响。此过程需对问句进行语义方面的分析和理解，将问题转换为计算机能够理解的逻辑语言。问句分析要经过一系列的处理过程，包括问题预处理、句法分析、问题分类、命名实体识别，并在此基础上深入分析问题的类别和语义。随着自然语言处理技术的不断发展，词汇分析和句法分析的研究相对成熟，读者可以借助哈尔滨工业大学、苏州大学的开源自然语言处理工具包进行实验。信息检索和答案抽取相关内容将在第 2 章重点讲解。

1.3.1 分词和词性标注

分词和词性标注[15]是问句分析的基本内容。2002 年以前，汉语分词基本上是基于词典的，可分为基于规则的方法和基于统计的方法。张锋等[16]提出了一种基于最大熵模型的分词系统，在《人民日报》测试项目中实现了 95.01%的正确率。Yan 等[17]提出了一种将无监督分词的全局信息整合到条件随机场（conditional random field，CRF）分词模型。该模型具体分析了无监督学习对词汇内词和词汇外词两种细分词的影响，有效地提高基于字符标注的中文分词的性能。2011 年，唐涛等[18]提出了一种基于统计和规则的多策略分词方法。该方法充分利用了文献中潜在的分词标记，结合被分词文本的上下文信息，最大化概率切分，有效解决了未登录词难以识别的问题。在汉语词法分析中，分词是词性标注的前提，词性标注还包括统计方法、基于规则的方法，将规则和统计方法相结合的方法。朱聪慧等[19]将分词和词性标注有机结合起来，但是，联合中文分词模型和词性标注仍然存在一些问题。在基于序列符号的中文分词方法方面，郭振等[20]重新设计了基于迁移的中文分词方案，并利用带有部分注释信息的语料库，将以前的中文分词研究成果整合到联合模型中。Zhang 等[21]提出了一种基于字的切分动作匹配算法，该算法在保持分词性能的同时，有着不亚于传统方法的速度。石祥滨等[22]提出了一种基于转移的分词模型，并将传统的特征模板和神经网络自动提取的特征结合起来，在神经网络自动提取的特征和传统的离散特征的融合上做了尝试。Cai 等[23]通过简化网络结构，混合字词输入及使用早期更新（early update）等收敛性更好的训练策略，设计了一个基于贪心搜索（greedy search）的快速分词系统。近几年，预训练方法及图神经网络方法也应用到了中文分词领域，并且取得了理想的效果。

1.3.2 句法分析

句法分析是中文信息处理的主要研究内容之一，不仅是研究的重点，也是研究的难点。如果能准确地分析中文问句[24]，语义分析过程就能更有效地进行。句法分析分为两种方法：基于规则的方法和基于统计的方法。基于规则的方法以语言学理论为基础，是一种理性的方法；基于统计的方法更注重基于规则的分析，而不是研究人员对先验知识的总结。句法分析任务中常用的综合分析算法包括上下文无关文法（context free grammar，CFG）的分析方法和基于概率的上下文无关文法（probabilistic context free grammar，PCFG）。

1.3.3　问句分类技术流程

本系统中问题的分类是基于模式匹配方法建立的[25]，其主要想法是通过建立问题模型进行组合。问题模型的匹配模式可分为 3 类：直接匹配模式、基于问题分词与词性的匹配模式、基于问题主谓宾的匹配模式。首先需要建立预定义的匹配模式，其次是从问题中提取模式，最后进行模式匹配得到问题类型。问题分类的主要技术流程如图 1.4 所示。

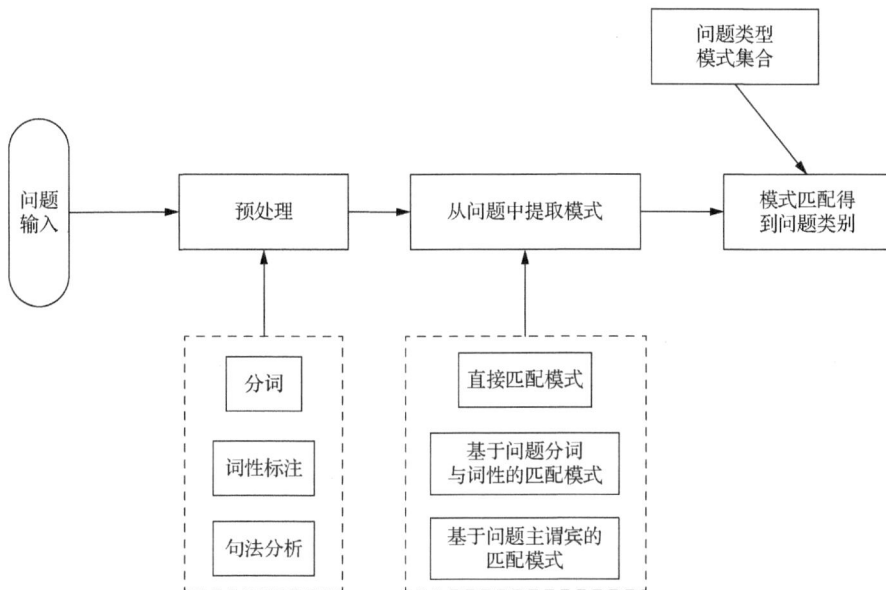

图 1.4　问题分类的主要技术流程

对输入的问句进行分词、词性标注、句法分析等预处理操作时，分词和词性标注使用的是开源包。句法分析使用的是斯坦福句法分析工具。下面用例句"APDlat 的发起人是谁？"对 3 类模式进行说明。

表 1.5 为直接匹配模式，即事先定义好几种类型的问句，与问句进行直接匹配。这个过程较为简单，不需要进行过多的预处理，而且效果最明显。

表 1.5　直接匹配模式

示例	APDlat 的发起人是谁？
问题类型模式（部分）	Person 请问初唐四杰是哪四位 Location "海的女儿"是哪个城市的城徽 Location 阿尔及利亚首都是哪座城市 Organization 爱国华侨陈嘉庚出资兴建的大学是哪一所 Organization 大众电影百花奖的主办单位是哪家 Number 北京邮电大学的占地面积有多大 Number 北京大学占地面积为多少平方米 Time 发现大庆油田是哪一年 Time 澳门回归祖国是哪一年

表 1.6 为基于问题分词与词性的匹配模式，需对问句进行词性标注等预处理，首先对问句进行分词处理，然后对分词结果进行词性标注，通过与句子不同位置词性结构匹配从而得到问句的类型，进而进行答案抽取。

表 1.6　基于问题分词与词性的匹配模式

示例（词+词性）	APDlat/en 的/uj 发起人/n 是/v 谁/RW.RWPersonSingle ? /w
示例（词性）	en/uj/n/v/RW.RWPersonSingle/w
问题类型模式（部分）	PersonOfDis->Single1 .*(RW.RWOrdinarySingle)/(nr/nrl/nr2/nrj/nrf).* LocationOfDis->Multi1 .*(RW.RWOrdinaryMulti)/(ns/nsf).* OrganizationOfDis->Multi2 .*(RW.RWOrdinaryMulti)/(nt).* DefinitionDis->Comparison .*(N.Concept).*(RW.RWComparisonAdj).* DefinitionDis->DescriptiveMulti .*(V).*(RW.RWOrdinaryMulti).*(N.Concept).* DefinitionSOB->ConceptDescriptive1 .*(RW.RWDescriptive)/(V)(N.Concept).* NumberAreaSOB->Area1 .*(V)/(RW.RWNumber)/(N.NumberAreaOfConcept).* NumberCodeSOB->Code1 .*(N.NumberCodeOfConcept)/(V)/RW.RWNumber).* TimePeriodSOB->Age .*(RW.RWNumber)/(N.TimeOfConcept).* TimeDateSOB->Date1 .*(N.TimeOfConcept)/(RW.RWTimeDate).* ObjectSOB->Academic1 .*(RW.RWOrdinarySingle)/(N.ObjectAcademic).* ObjectSOB->Animal1 .*(V)/(RW.RWOrdinarySingle)/(N.AnimalOfConcept).*

表 1.7 为基于问题主谓宾的匹配模式，通过对问句进行主谓宾的标注分析，从而判断其缺少的成分，进而通过对缺少成分的分析判定问句属于哪种问题类型。

表 1.7　基于问题主谓宾的匹配模式

示例（词性）	n/v/RW.RWPersonSingle
问题类型模式（部分）	Person->Single1 .*(RW.RWPersonSingle).* Location->Multi2 .*(V).*(RW.RWOrdinaryMulti).*(ns/nsf).* Location->Single2 .*(V).*(RW.RWOrdinarySingle).*(ns/nsf)*. Organization->Multi1 .*(V).*(RW.RWOrdinaryMulti).*(nt).* Organization->Single1 .*(V).*(RW.RWOrdinarySingle).*(nt).* Definition->Definition2 .*(N.Concept).*(V).*(RW.RWDescriptive).* Definition->Language1 .*(N.LanguageOfConcept).*(V)*.(RW.RWOrdinarySingle).* Definition->Animal1 .*(N.AnimalOfConcept).*(RW.RWDescriptive).*(V).* Definition->Method1 .*(N.MethodOfConcept).*(V).*(RW.RWOrdinarySingle).* Number->Ordinary1 .*(N.NumberNoun).*(RW.RWNumber).* Number->Area1 .*(N.NumberAreaOfConcept).*(RW.RWNumber).* Number->Code1 .*(N.NumberCodeOfConcept).*(V).*(RW.RWNumber).* Number->Frequency1 .*(RW.RWNumber).*(N.NumberFrequencyOfConcept).* Number->Temperature1 .*(ns/nsf).*(RW.RWTemp).* Time->Ordinary1 .*(V).*(RW.RWOrdinarySingle).*(N.TimeOfConcept).* Time->Date1 .*(N.Concept).*(RW.RWTimeDate).* Object->Academic.Single .*(RW.RWOrdinarySingle).*(N.ObjectAcademic).*

续表

示例 （词性）	n/v/RW.RWPersonSingle
问题类型 模式 （部分）	Object->AcademicMulti .*(RW.RWOrdinaryMulti).*(N.ObjectAcademic).* Object->ArtSingle1 .*(N.ObjectArt).*(V).*(RW.RWOrdinarySingle).* Object->Award .*(RW.RWOrdinaryMulti).*(N.ObjectAward).* Object->Category1 .*(RW.RWOrdinarySingle).*(N.ObjectCategory).*(V).* Object->Event1 .*(V).*(RW.RWOrdinarySingle).*(N.ObjectEvent).* Object->FoodMulti .*(N.ObjectFood).*(V).*(RW.RWOrdinaryMulti).* Object->Material1 .*(N.ObjectMaterial).*(V).*(RW.RWOrdinarySingle).* Object->TemMulti1 .*(N.ObjectTerm).*(V).*(RW.RWOrdinaryMulti).*

1.4　候选答案评分算法

答案评分模型包括证据评分模型和候选答案评分模型两部分。其中，证据评分模型用于对搜索引擎的证据片段进行标记，选择与问题最相关的证据片段；候选答案评分模型用于从证据片段中提取答案，选择最符合条件的答案。

1.4.1　证据评分模型

证据评分模型用于评价证据片段之间的相关性，如图 1.5 所示。它由 3 个子模型［基于词频、基于二元语法（bigram）、基于 skip-bigram］和一个组合模型（3 个模型的线性加权）组成。

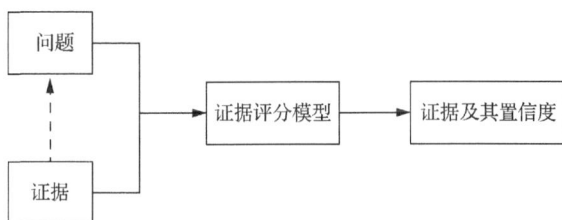

图 1.5　证据评分模型

1. 基于词频的评价模型

基于词频的评价模型[26]使用的是简单的词频统计方法，通过统计证据片段中词语出现的次数，将出现次数最多的词语作为证据片段的代表词，具体过程如下。

1）对问题及支撑证据内容进行分词、去停用词等处理。

2）统计证据（包括标题 title 和小段文本 snippet）中所有词的词频 $\{tf_i\}$。其中，tf（term frequency）代表词频，tf_i 是指第 i 个词的词频。

3）将有关词语与证据中的词语进行匹配，如果出现在证据标题中，则对有关词语进行评分，记 $2/tf_i$ 分；若出现在证据的 snippet 中，记 $1/tf_i$ 分。

4）将问句中所有词的分数进行加和，再乘以该模型对应的权重，最后得到证据的分数。

2. 基于 bigram 的评价模型

基于 bigram 的评价模型采用 N-gram 语言模型作为评价标准，通过 bigram 来提取问句中的二元词，到证据片段中进行比较，具体过程如下。

1）分词并提取问题的二元词，经分词后表示为 $S = \{w_1, w_2, \cdots, w_n\}$，$S$ 的二元词集为 $\{w_1w_2, w_2w_3, \cdots, w_{n-1}w_n\}$。

2）统计二元词集的证据片段（包括统计二元词集的证据，如 title、snippet 等）在集合中出现的次数，出现一次记 2 分。

3）将二元词集中的所有词的分数相加求和，乘以该模型对应的权重，最后得到该证据的分数。

3. 基于 skip-bigram 的评价模型

基于 skip-bigram 的评价模型是通过 N-gram 的方法的一种升级，是通过词在证据片段中出现的次数进行计算，具体过程如下。

1）分词并提取问题的 skip-bigram，问题经分词后表示为 $S = \{w_1 w_2 \cdots w_n\}$。$S$ 的 skip-bigram 词集为 $\{w_1, w_3, w_2, w_4, \cdots, w_{n-2}, w_n\}$，词集里的点号表示任意字符。

2）计算证据（包括 title 和 snippet）中设置的词在 skip-bigram 词集中出现的次数（正则匹配），出现一次记 2 分。

3）将 skip-bigram 词集中的所有词的分数相加，再乘以该模型对应的权重，最后得到该证据的分数。

4. 组合模型

组合模型是以上 3 个评价模型的线性加权的结果。

1.4.2 候选答案评分模型

候选答案评分模型的目的是对候选答案的相关程度进行评估，通过对问句进行分析，得到需要的答案类型，在证据片段中进行命名实体抽取，将符合要求类型的词作为候选答案内容，将候选答案词放入候选答案评分模型中进行评分，返回最终分数前 10 名的结果。

候选答案评分模型由 7 个子模型和 1 个组合模型组成。7 个子模型分别为词频评价模型、词距评价模型、最短词距评价模型、文本对齐评价模型、宽松文本对齐评价模型、回带文本对齐评价模型和热词评价模型。组合模型是 7 个子模型的线性加权的结果。

1. 词频评价模型

词频评价模型使用的是简单的词频统计方法，通过统计候选答案词在证据片段中出现的次数，将出现次数最多的候选答案词作为最有可能的答案结果，具体过程如图 1.6 所示。

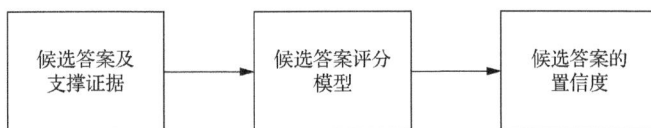

图 1.6　词频评价模型技术路线

1）统计候选答案 c 在证据（包括 title 和 snippet）中出现的次数。若 c 在 title 中出现，记两次；若 c 在 snippet 中出现，记一次。

2）统计候选答案在证据中出现的总次数，然后乘以该模型对应权重，即得到该证据的最终得分。

2. 词距评价模型

词距评价模型主要通过评价候选答案词与单个词语之间距离的方法来实现。距离是指句子中词与词之间的距离，具体过程如下。

1）给定候选答案 c。

2）对问题 Q 和证据 E 进行分词处理，$Q=\{t_1,t_2,\cdots,t_m\}$，$E=\{w_1,w_2,\cdots,w_n\}$。

3）计算 c 在 E 中的所有位置 $\{c_i \mid i=1,2,\cdots,u\}$。

4）分别计算 Q 中词项在 E 中的所有位置 $\{t_{kj} \mid k=1,2,\cdots,m; j=1,2,\cdots,v_k\}$。

5）候选答案与单个词项之间的距离 $\text{distance}_1(c,t_k)=\sum_{i=1}^{u}\sum_{j=1}^{v_k}\left|c_i-t_{kj}\right|$。

6）候选答案的词距 $\text{distance}_1(c)=\sum_{k=1}^{m}\text{distance}_1(c,t_k)$。

7）候选答案的评分 $\text{score}(c)=\text{score}_{\text{origin}}(c)/\text{dis}(c)\times\text{weight}$，其中，$\text{score}_{\text{origin}}(c)$ 是候选答案的原始得分；weight 是当前模型的权重；$\text{dis}(c)$ 是候选答案的词距。

词距评价模型中一般采用最短词距的方式进行研究。

3. 最短词距评价模型

最短词距评价模型的整体步骤和词距评价模型相同，提取的特征是最短词距。

4. 文本对齐评价模型

文本对齐评价模型，首先将候选答案词放入对齐的文本中构建新的句子，然后根据公式统计匹配度，具体过程如下。

1）给定候选答案 c。

2）对问题 Q 进行分词处理，$Q=\{t_1,t_2,\cdots,t_m\}$。

3）将 c 放到 Q 中的每一个位置，得到 m 个句子，即 m 个严格对齐模式：
$$\{ct_1t_2\cdots t_m,t_1ct_2\cdots t_m,\cdots,t_1t_2\cdots ct_m\}$$

4）在严格对齐模式的基础上，再建立 m 个模糊对齐模式，构造规则如下：允许严格对齐模式中每个词项后接 0～5 个任意字符，如 $c.\{0,5\}t_1.\{0,5\}t_2.\{0,5\}\cdots t_m.\{0,5\}$。

5）由步骤 3）和步骤 4）得到 $2m$ 个对齐模式，将这些模式分别放到证据文本中进行正则匹配，并统计匹配到的句子数 count 及这些句子的总长 lens。

6）候选答案评分 $score(c) = questionLen / avgLen \times weight$，其中，匹配长度 $avgLen = lens / count$，是问题长度；weight 是当前模型的权重。

5. 宽松文本对齐评价模型

宽松文本对齐评价模型与文本对齐评价模型大致相同。唯一不同的是该模型在对问题进行分词之后，忽略长度为 1 的词项。

6. 回带文本对齐评价模型

回带文本对齐评价模型与文本对齐评价模型相比，唯一不同的地方是用于匹配的证据文本。该模型所用的证据文本，是通过搜索由问题和候选答案组成的关键词。

7. 热词评价模型

热词评价模型是找到证据文本中出现频数最高的词作为热词，距离热词越近的候选答案词评分越高，具体过程如下。

1）对证据文本进行分词，并统计每个词项在证据文本中出现的次数。

2）对问题进行分词，选出长度大于 1 的词项，并由步骤 1）得到这些词项在证据文本中出现的次数，选择出现次数最高的词作为热词。

3）找出离热词最近的候选答案，该候选答案的得分先翻倍，再乘以该评价模型的权重，并将其作为最佳候选答案。

8. 组合模型

组合模型是以上 7 个子模型的线性加权结果。

1.5　答案抽取算法

答案抽取模型[27]主要包含 3 层：词向量层、LSTM 层和最大池化（max pooling）层。下面逐层进行介绍。

1.5.1　词向量层

通过词嵌入技术 Word2vec 得到问句和候选答案句中每个词所对应的词向量表示，并输入 Bi-LSTM 层。向量表示了问句和候选答案句中所有的信息。假设问句 Q 包含 n 个词，$Q = \{X_1, X_2, \cdots, X_n\}$，$X_i$ 代表问句中第 i 个词。如果问句中包含答案信息词，则把该词加入答案词向量。例如，对于问题 Q："科比效力于哪支球队？"，对应答案 A："洛杉矶湖人队。"，则用 Q 和 A 一起表示该问题。如图 1.7 所示，利用词向量矩阵 E_w 来获得问题词向量，在这里 d 代表向量的维度，v^w 表示词汇长短。通过式（1-1），可以将一个词 x_i 转变为词向量 e_i：

$$e_i = E_w v^i \qquad\qquad (1\text{-}1)$$

其中，v^i 是向量 v^w 的大小。本书使用的词向量是使用维基百科数据训练得到的。通过以上步骤的处理，问句将以词向量 embeddingseq $= \{e_1, e_2, \cdots, e_n\}$ 的形式进入下一层网络。

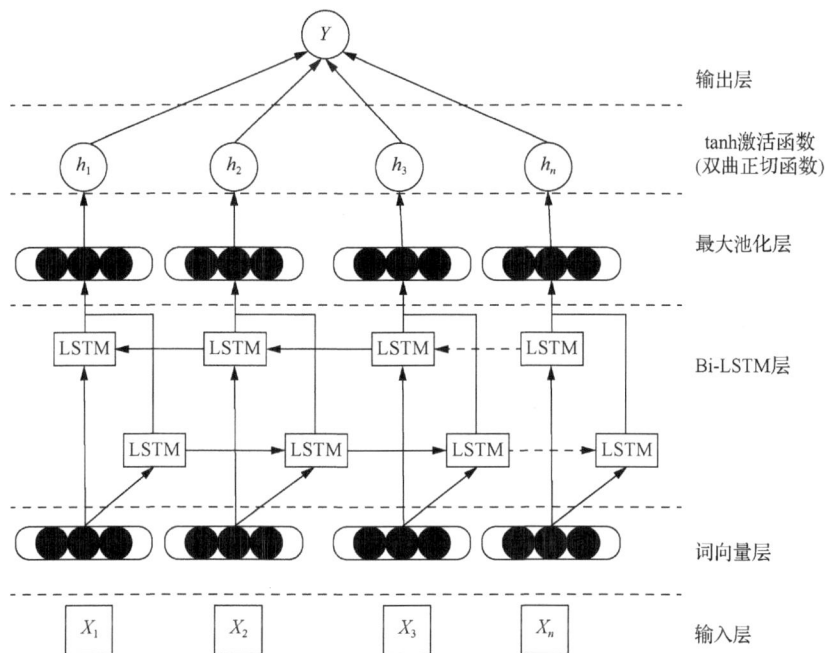

图 1.7　答案抽取模型

1.5.2　LSTM 层

长短时记忆（long short-term memory，LSTM）网络是循环神经网络（recurrent neural network，RNN）的一种。该模型独特的设计方案，非常适合用于建模像文本数据这种带有时间序列、位置序列的数据。

在向量表示方面，可以采用相加的方法将词向量组合成句子的向量表示，即将所有词的向量表示进行加和，或者取平均等方法，但是这种方法并没有考虑词语在句子中的前后顺序。LSTM 通过训练过程可以学到记忆哪些信息和遗忘哪些信息，使用 LSTM 模型可以更好地捕捉到较长距离的依赖关系。

LSTM 模型由 t 时刻的输入词 X_t、细胞状态 C_t、临时细胞状态 $\tilde{C}_t$、隐藏层状态 h_t、遗忘门 f_t、记忆门 i_t、输出门 O_t 组成。LSTM 的计算过程可以概括为：通过遗忘和记忆单元处理当前细胞状态中的新信息，将有用的信息传递到后续时刻细胞，丢弃无用的信息，并在每个时间步输出隐藏层状态 h_t，其中遗忘、记忆与输出单元由通过上个时刻的

隐藏层状态 h_{t-1} 前输入 X_t 计算出来的遗忘门 f_t、记忆门 i_t、输出门 O_t 来控制。

　　LSTM 模型框架如图 1.8 所示。其中，σ 为 S 型函数（sigmoid function），A 为一层细胞。

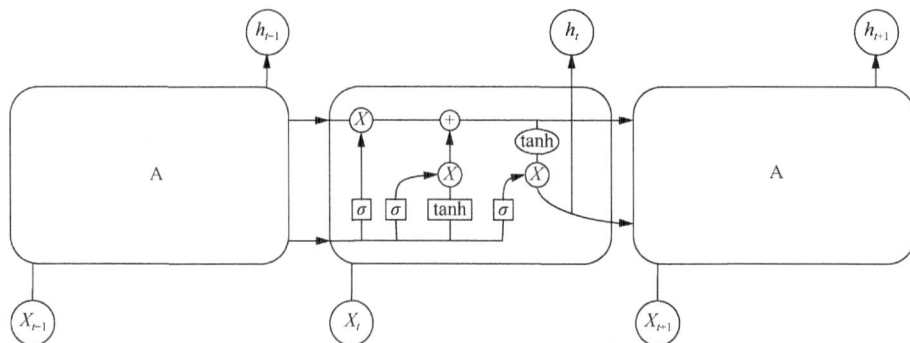

图 1.8　LSTM 模型框架

　　图 1.9 中实线部分为计算遗忘门，选择要遗忘的信息过程。

　　输入：前一时刻的隐藏层状态 h_{t-1}，当前时刻的输入词 X_t。

　　输出：遗忘门的值 f_t。

$$f_t = \sigma(W_f \cdot [h_{t-1}, x_t] + b_r) \tag{1-2}$$

式中，σ 为 S 型函数；W_f 为权重矩阵；b_r 为偏移量；x 为每一层的输入向量；h 为 Cell 输出的激活函数。

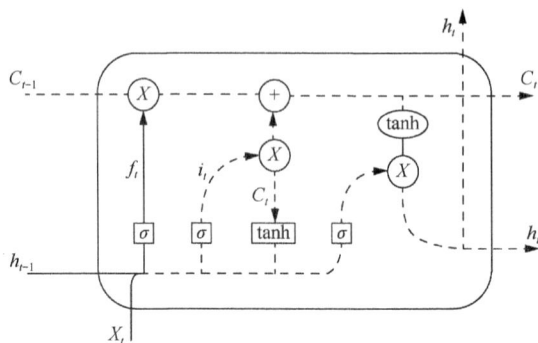

图 1.9　计算遗忘门示意图

　　图 1.10 中实线部分为计算记忆门，选择要记忆的信息过程。

　　输入：前一时刻的隐藏层状态 h_{t-1}，当前时刻的输入词 X_t。

　　输出：记忆门的值 i_t，临时细胞状态 $\tilde{C}_t$。

$$i_t = \sigma(W_i \times [h_{t-1}, x_t] + b_i) \tag{1-3}$$

$$\tilde{C}_t = \tanh(W_c \times [h_{t-1}, x_t] + b_c) \tag{1-4}$$

　　图 1.10 中虚线部分为计算当前时刻细胞状态过程。

　　输入：记忆门的值 i_t，遗忘门的值 f_t，临时细胞状态 $\tilde{C}_t$，上一刻细胞状态 C_{t-1}。

输出：当前时刻细胞状态 C_t。

$$C_t = f_t \times C_{t-1} + i_t \times \tilde{C}_t \tag{1-5}$$

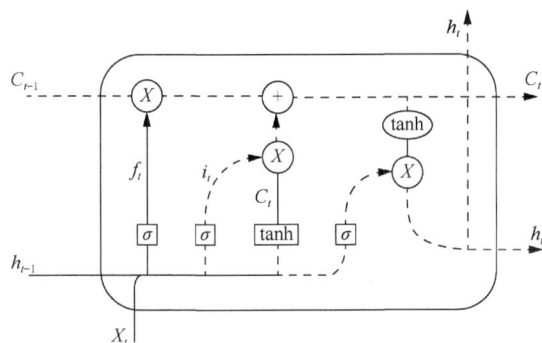

图 1.10　计算记忆门和临时细胞状态

图 1.11 中实线部分为计算输出门和当前时刻隐藏层状态过程。

输入：前一时刻的隐藏层状态 h_{t-1}，当前时刻的输入词 X_t，当前时刻细胞状态 C_t。

输出：输出门的值 O_t，隐藏层状态 h_t。

$$O_t = \sigma(W_o \times [h_{t-1}, x_t] + b_o) \tag{1-6}$$

$$h_t = O_t \times \tan h(C_t) \tag{1-7}$$

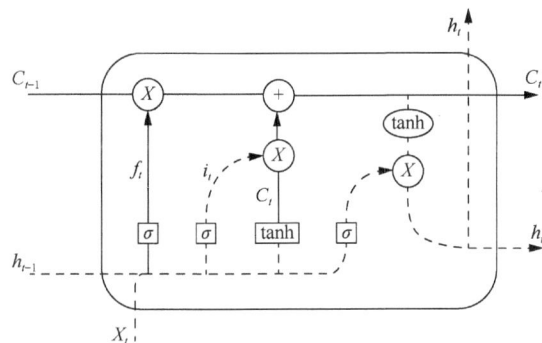

图 1.11　计算输出门和当前时刻隐藏层状态（1）

最终，可以得到一系列与句子长度相同的隐藏层状态 $\{h_0, h_1, \cdots, h_{n-1}\}$。

但是利用 LSTM 网络建模句子仍然存在问题：无法编码从后到前的信息。例如，"这个教室脏得不行"，这里的"不"是对"脏"程度的描述，而"不行"这个词应该作为一个整体来进行建模。Bi-LSTM 由前向 LSTM 与后向 LSTM 组合而成，两者通常用于在自然语言处理任务中对上下文信息进行建模，输出的第 i 个词见式（1-8）：

$$h_i = [\overrightarrow{h_i} \oplus \overleftarrow{h_i}] \tag{1-8}$$

向前向后的输出最后是一个融合的结果。计算输出门和当前时刻隐藏层状态如图 1.12 所示。

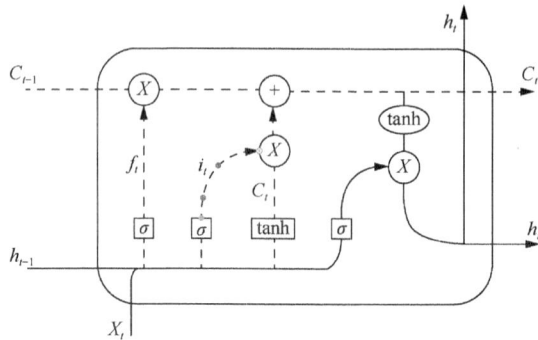

图 1.12　计算输出门和当前时刻隐藏层状态（2）

1.5.3　最大池化层

首先，最大池化对于主要特征不论出现在什么位置，都可以保持特征位置信息不变，因为无论主要特征出现在哪个位置，都可以把它提取出来。在自然语言处理中，特征位置信息至关重要，如主语一般位于句首，宾语位于句尾等。这些特征的位置信息对于分类任务十分重要。

其次，最大池化在卷积网络中主要用于减少网络参数，降低网络复杂度，减少运算。在池化操作后，二维或一维的数组通常被转换为单一数值，以便之后在卷积层或全连接隐藏层中使用。此外，这样的操作处理还会减少单个滤波器的参数数量或者隐藏层神经元的数量。

最后，对于自然语言处理（natural language processing，NLP）任务，最大池化能够把变长输入的 X 处理为一个定长的输入。因为 CNN 最终会连接到全连接层，且需要预先确定神经元个数。如果输入的长度不确定，则难以设计其网络结构。综上所述，CNN模型的输入 X 长度是不确定的，并且每个过滤器通过池化操作只取 1 个值，那么有多少个过滤器，池化层就对应多少个神经元。这样就可以把特征向量神经元个数固定住，如图 1.13 所示。这个优点也是非常重要的。

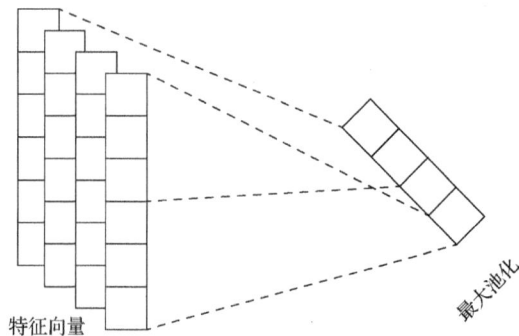

图 1.13　过滤器与神经元个数相对应

1.5.4　模型实验

基于词向量、Bi-LSTM、最大池化层构建模型，在模型基础上开展答案抽取实验，并进行实验结果分析。

1. 语料库

近年来，国内外很多专家学者在答案抽取方面做了深入研究，基本上是在文本检索会议（text retrieval conference，TREC）语料的基础上，在中文语料基础上的研究很少[28]。本实验首先使用搜索引擎将答案片段下载到本地数据库，然后将其进行清洗、标注等处理后作为训练语料。训练语料共计约 16 万行，测试语料 1 万行。

实验所需训练数据的格式为<问句，候选答案句，标签>，即每一行包括一个问句、一个候选答案句、一个标签，分别用制表符分隔，标签为 0 或者 1，即答案句标注为 1，非答案句标注为 0，同一问句一般有 20 条候选答案句，具体语料格式如图 1.14 所示。

```
长沙窑铜官陶瓷烧制技艺的传承有哪两种方法？    其中胡武强的作品在国内多次获奖。    0
长沙窑铜官陶瓷烧制技艺的传承有哪两种方法？    他将技艺传给了儿子胡明、女儿胡英。0
长沙窑铜官陶瓷制技艺的传承有哪两种方法？    拉坯传人。    0
长沙窑铜官陶瓷制技艺的传承有哪两种方法？
所学技艺，开始以成型的单项专业为主，逐步兼学烧成，直至各工序操作都应知应会。    0
长沙窑铜官陶瓷烧制技艺的传承有哪两种方法？
即在殷商之前，舜帝就带领先民在湘江一带开始了制陶之业，进行原始的手工制作。    0
长沙窑铜官陶瓷烧制技艺的传承有哪两种方法？    至民国时期，师承、家承脉络十分清晰。    0
长沙窑铜官陶瓷烧制技艺的传承有哪两种方法？    长沙窑铜官陶瓷烧制技艺是湖南省的汉族传统手工艺。    0
长沙窑铜官陶瓷烧制技艺的传承有哪两种方法？    长沙窑铜官陶瓷烧制技艺，代代相传，后继有人。    0
长沙窑铜官陶瓷制技艺的传承有哪两种方法？    胡英是铜官陶瓷拉坯的女传人之一。[2]0
长沙窑铜官陶瓷烧制技艺的传承有哪两种方法？
主要应用于炊具、壶类成型，民国时约3000人；延续至20世纪80年代尚有2000人。    0
长沙窑铜官陶瓷烧制技艺的传承有哪两种方法？
家传为继承祖业;师传呈自愿特征，一般三年为期，出师后帮师一至三年，再独立门户。    1
长沙窑铜官陶瓷制技艺的传承有哪两种方法？    其形成源远流长，据《监略妥注》载："舜陶于河滨，而器不苦窳"。    0
长沙窑铜官陶瓷烧制技艺的传承有哪两种方法？    长沙窑铜官陶瓷烧制技艺的传承有家传、师传两道谱系。    1
长沙窑铜官陶瓷制技艺的传承有哪两种方法？    至今因产品结构改变，机械化生产的替代，能操作者约300人，其中技艺精良者
有熊赛王、张正斌、黄炳祥、谭志忠、冯耀云、胡武强、胡明、胡英等人。    0
长沙窑铜官陶瓷烧制技艺的传承有哪两种方法？    专家认为"长沙窑铜官陶瓷烧制技术"属唐代遗产。    0
长沙窑铜官陶瓷烧制技艺的传承有哪两种方法？    从长沙铜官窑遗址出土文物和积淀深厚的陶瓷碎片考究，长沙窑铜官陶瓷烧制技
艺已创造性地表现在造型、成型、烧成、装饰等诸多方面，构成了全方位的陶瓷手工制作体系。    0
```

图 1.14　语料格式

2. 评估标准

通常情况下，使用准确率、召回率、F 值评估模型的性能，本书的答案抽取模型，使用平均倒数排名（mean reciprocal rank，MRR）和平均精度（mean average precision，MAP）作为评价指标，最常用的指标为 MRR。在本书的实验语料中，大部分问句只有一个答案句与之对应，极少部分有多个答案句或没有答案句，所以 MRR 都会比 MAP 略高一点。

MRR 和 MAP 的具体计算公式分别如下：

$$\text{MRR} = \frac{1}{Q} \sum_{i=1}^{|Q|} \frac{1}{\text{rank}_i} \tag{1-9}$$

$$MAP = \frac{1}{|Q|}\sum_{i=1}^{|Q|}AveP(C_i, A_i) \qquad (1\text{-}10)$$

$$AveP(C, A) = \frac{\sum_{k=1}^{n}(p(k)\mathrm{rel}(k))}{\min(m,n)} \qquad (1\text{-}11)$$

MRR，即对所有标准答案在问答系统给出的结果中排序取倒数再求平均，是国际上通用的对搜索类和问答类系统进行评价的指标。

MAP，单个问句的平均精度是每对<问句,答案句>检索后的准确率的平均值。MAP反映的是系统在全部候选答案句上的性能指标。在本模型中，抽取到的答案句与问句越相关（rank 越高，即包含答案），MAP 的值越高。若问答系统没有抽取到答案句，MAP则为 0。

3. 实验参数

本实验使用双向长短时记忆（Bi-LSTM）网络[29]提取句子间的特征属性，将 Bi-LSTM的隐藏层输出 Y 做最大池化，得到 $R_{\max}$。$R_{\max}$ 作为 tanh 函数的输入，输出结果为 M，如图 1.15 所示。

$$M = \tanh(R_{\max}) \qquad (1\text{-}12)$$

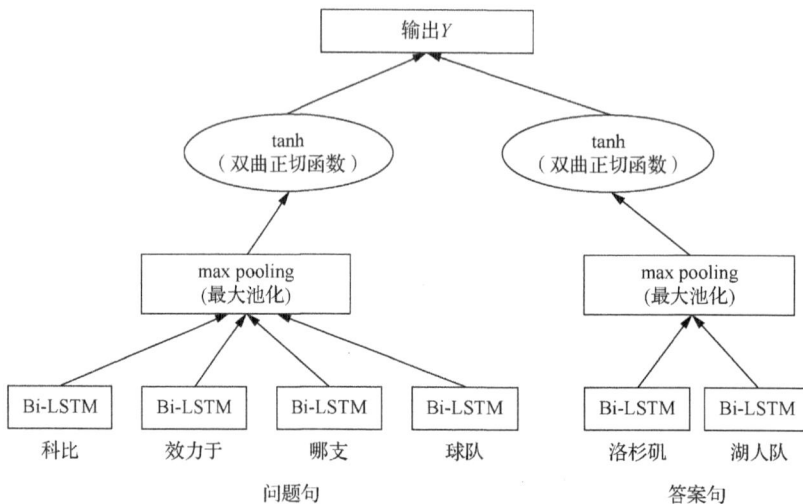

图 1.15 基于 Bi-LSTM 的特征提取模型

实验中各个主要参数设置如下：丢包率设置为 1%，词向量的维度设置为 50，学习率设置为 0.3，学习速度下降速度设置为 0.1，学习速度下降次数设置为 4，每次学习速度指数下降之前执行的完整 epoch 次数设置为 100，LSTM cell 中隐藏层神经元的个数设置为 100，句子中的最大词汇数目设置为 100。

实验环境见表 1.8。

表 1.8　实验环境

程序	版本	程序	版本
系统	CentOs7	TensorFlow	1.2.1
图形处理器（GPU）	Tesla	Jieba	0.38
Python	3.60	CUDA	8.0

本实验采用 GPU 服务器，在表 1.8 的实验环境下，完成一次完整的训练过程需大约 24h。

4. 实验结果与分析

经过以上环境的配置，通过运行得到的实验结果见表 1.9。

表 1.9　各个模型在实验中得到的最优结果

模型	MAP	MRR
基线 LSTM	0.3395	0.3394
CNN	0.7024	0.7029
Bi-LSTM+最大池化	0.7475	0.7497

本实验以 LSTM 模型的实验结果为参考。在该语料库中，该方法的 MAP 和 MRR 指数分别达到 0.3395 和 0.3394。LSTM 模型的优点是可以在访问输入和输出序列的过程中将敏感信息映射到上下文。然而，默认的长短时记忆网络（LSTM）会遇到隐藏层条目对网络输出的影响随着网络层数的增加而降低等问题。CNN 最初应用于图像领域，目前在 NLP 领域同样也取得了良好的成绩。卷积核在句子中卷积，选择最可能的组合，以便使用不同的过滤器获得不同的结果，加权组合。CNN 的卷积和合并模型使短语的空间特征消失，对于文本，不再考虑短语的词序关系，而是提取句子中的关键词，然后通过训练的网络执行新的排序，形成新的句子。这将使得短语的向量表示与原始短语的语义相冲突。考虑到这两种模型的优缺点，最终建立了 Bi-LSTM 和最大池化相结合的模型，利用 Bi-LSTM 进行资源抽取。这种方法不仅可以提高 LSTM 网络对长句前半部分的记忆能力，同时也避免了卷积层不能充分利用句子间的时间序列关系来提取其特征关系的问题。在卷积神经网络中保留最大的分组层，以减小所提取句子的长度，并将此模型与基线 LSTM 以及 CNN 相比较，本书提出的答案抽取模型最终取得了较好的效果，MAP 和 MRR 指数分别达到了 0.7475 和 0.7497。

第 2 章　答案选择方法

第 1 章搭建了面向开放域的自动问答系统，并介绍了答案抽取的相关工作，那么对于即时通信系统来说，很多情况下，针对答案库里的候选答案内容需要进行选择，本章主要针对候选答案方法的选择进行研究。

问答系统一般可以分为两种：第一种是生成式问答系统，第二种是检索式问答系统。本章主要基于深度神经网络的检索式问答系统答案选择方法进行研究，并在两个答案选择领域的标准数据集上进行验证：TREC 提供的 TREC QA（question answering，问答）数据集及微软提供的维基百科问答数据集，即 Wiki QA 数据集，在此基础上，设计并实现了一个检索式的智能问答系统。

信息检索技术[30]是问答系统的基石，检索式问答系统是对信息检索技术的拓展。通过检索技术对问题进行预处理，将问题解析为不同的关键字信息，并通过关键字信息对答案库进行检索，从而快速过滤掉与问题无明显联系的答案。信息检索可以提供一个高效但不准确的初筛，将初筛得到的部分答案与用户输入的问题放入深度神经网络中进行语义匹配，从而选择出合适的答案。这不仅保留了信息检索技术的高效性，还避免了信息检索带来的语义丢失。

图 2.1 展示了答案选择方法的流程[31]。具体来说，通过使用信息检索技术从本地答案数据库中得到与用户输入的问题相关的最相近的前 n 个答案，然后使用深层的答案选择算法将用户问题分别与这前 n 个答案进行两两匹配，计算匹配度，通过匹配度对答案进行选择，最后通过阈值判断得到最终应该返回给用户的标准答案。

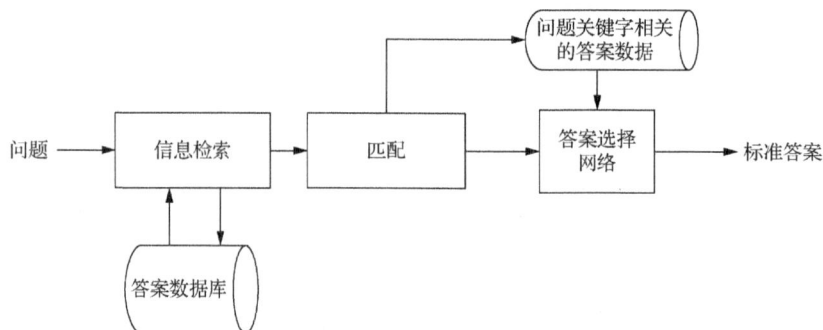

图 2.1　答案选择方法（深度神经网络）的流程

2.1　答案选择数据集

问答系统是人工智能的核心研究内容。随着深度学习技术的发展，问答系统也趋于成熟，同时，这也给相关算法的评估带来了挑战。为了评估的标准性，研究人员一般采用公开的数据集，从而方便对各种算法性能的评估。下面对基础数据集、数据预处理、文本向量化及答案抽取评估进行介绍[32]。

2.1.1　基础数据集

为了评估用户提出的答案选择模型的有效性，学术界和工业界公开了两个数据集：TREC 会议提供的 TREC QA 数据集[33]和微软提供的 Wiki QA 数据集[34]。

TREC 数据集包含基于领域以及基于事实的问题，包含 100 万个文档，3.1GB 大小的文本数据。在实际模型测试中，使用的是已经清洗好的数据，删除了没有答案以及答案不准确的数据。

Wiki QA 数据集是由 Yi Yang、Wen-tauYih 和 Christopher Meek 在 2015 年构建的，用于开放域问答研究的一个公开可用的问题和句子对数据集。具体来说，Wiki QA 数据集包含从查询日志中抽取的 3047 个问题，并以这些问题为基础从维基百科页面中检索到每个问题的答案，将摘要部分作为正确的答案。其中，近 1/3 的问题是没有标准答案的。这部分的数据在预处理阶段被清洗掉。清除这部分数据后，将 Wiki QA 数据集同样分解为训练集、验证集和测试集，其中训练集包含 873 个问题，验证集包含 126 个问题，测试集包含 243 个问题，总计训练集 8627 个问答对、验证集 1130 个问答对、测试集 2351 个问答对。

2.1.2　数据预处理

1.　分词

在答案选择过程中，检索的具体粒度可以分为基于字、词、短语、短句、整句等。以整句为例，直接将一条语句信息放入信息检索组件[35]中，那么需要本地知识库中出现与该文本信息完全一致的段落才能算检索成功。这样的算法模型显然是低效且不适用的。因此，从检索的角度看，粗粒度或者是长序列不适合答案选择算法模型，换一个角度来思考这个问题，中文单词生成的文档是不计其数的，而单词其实是有限的，生活中常用的汉字约 2400 个，而由这些字组成的词语约为 50000 个。按照日常经验理解，两句话意思相近便可以认为其相同。因此，从检索角度来分析，细粒度更适合于具体任务。

也就是说，在处理文本数据时，不用将整条信息作为特征，而应把信息中涉及的词语作为特征提取出来。将一句话拆分成多个单词，考虑单词间的相似性，这样可以增加样本的数量，方便计算。用这个思路来处理的例子见表 2.1。

表2.1　分词结果示例

文档	分词结果
北京是中国的首都	北京　是　中国　的　首都

这就是自然语言处理中的关键技术之一：分词。具体来说，就是用更细粒度的单词来表示相关文档。

2.　去停用词

停用词，一般来说，就是指那些没有实际意义的虚词和在文本中大量出现但对分类影响较弱的词。

停用词有以下两个类别。

1）语义学上的功能词。这些词大量出现在文本内容或日常口语表达中，但是究其根本，这些功能词不具备任何实际意义。

例如，几乎每个文档都可以发现的"你"、"我"、"他"这3个词就是这里所介绍的功能词。这些词不具备区分类别的能力，存留在文档中不仅会降低算法的效率，还会影响分类的精准度。例如，"新浪"、"新闻"便属于这一类。

2）文本中大量出现，但是对分类的影响很低的一类词。汉语中的语气助词、连词、副词等都属于此类停用词，如"的"、"和"、"得"，单独不具备任何意义，只有在完整的句子中出现才具有部分语言学上的作用。

由大量停用词组成的文档称为停用词表，目前使用比较广泛的是哈工大停用词表。

3.　倒排索引

倒排索引技术是搜索引擎的核心技术。传统的搜索引擎做法是将文档作为基准点建立索引，词作为索引项；而倒排索引的核心思想是将词作为基准点建立索引，文档作为索引项。

大多数开源的搜索引擎框架会使用倒排索引的结构，倒排索引[36]的目的是在极短的时间内从大量的数据中找到所需的信息。在进行全文检索的过程中，并不是从所有的本地文档数据中进行扫描，实际上是一个基于倒排索引的查询过程。倒排索引可以被当作一个数据表，对于一个正常的数据表来说，可能的一种办法是，其生成一个唯一的 ID 作为文档索引，通过索引便捷地定位文档内容。倒排索引表不同，它记录每个单词及这些单词所出现的文档编号。

倒排索引表包含了所有文档中出现的单词的不重复集合，以及每个单词所出现的文档编号。实质上，倒排索引就是单词到文档的一个映射关系，记录了哪些文档包含这个单词。

下面通过一个例子来了解倒排索引的工作原理。

豌豆是重庆小面最好的配料，重庆小面连配料都很好吃。

从上面的例子，可以整理出包含"豌豆"、"重庆"、"小面"、"最好"、"配料"、"很好吃" 6 个关键词集合。以这 6 个关键字集合和两个示例文档来建立倒排索引表，见表 2.2。

表 2.2　倒排索引示例

单词	文档（1）	文档（2）
豌豆	√	—
重庆	√	√
小面	√	√
最好	√	—
配料	√	√
很好吃	—	√

√: 表示单词在文档中出现；—: 表示单词未在文档中出现。

表 2.2 对示例的文档（1）和文档（2）建立倒排索引，对于每个单词，从倒排索引表中，都能很快地查询到单词所在的位置，这使得信息检索可以很快地检索到用户输入内容所在的文档。例如，当你搜索"重庆小面很好吃"的时候，通过倒排索引表就能很快定位到文档（2）更合适。

随着自媒体技术的发展，网络上的文档量达到亿级以上是非常容易的。如果每个用户输入的信息都要检索上亿条数据，效率是非常低的。那么，针对词的索引就显得尤其重要，通过建立倒排索引表，搜索时所需计算的量将大幅缩小，而且只需要考虑出现了输入单词的文档来计算文档的相似度。

4. BM25 算法

BM25 算法中，BM 是 best match（最佳匹配）的缩写，25 指的是第 25 次算法迭代，是一种高效的搜索引擎计算方法，被广泛应用于各种开源框架。BM25 算法[37]是在倒排索引的基础上，对查询出来的文档与输入信息进行相似度计算的一种方法。BM25 算法的一般性公式表示为

$$\text{Score}(Q,d) = \sum_{1}^{n} W_i R(q_i, d) \tag{2-1}$$

式中，Q 表示用户查询的信息；d 代表本地的一个文档；q_i 表示用户查询信息中的一个元素，如果查询内容是一个问题，那么 q_i 就是组成这个问题的单词；W_i 表示这个单词对应的权重。

BM25 算法将输入的查询内容按单词的微粒度进行拆分，然后通过每个单词与出现这些单词的文档计算相似度，再将所有单词得到的不同文档的相似度按文档编号进行累加，对累加后的值进行排序，并作为返回给用户的响应依据。

BM25 算法中关于查询出现过输入单词的文档这一过程是通过倒排索引的思想实现的，不过相较于倒排索引是有所改进的。这是为了更方便地得到式（2-1）中的参数。

同样，以本节中的文档（1）和文档（2）为例，在 BM25 算法中，建立的倒排索引表包含了更多的信息，见表 2.3。

表 2.3 BM25 算法中倒排索引示例

单词	文档（1）	文档（2）
豌豆	1:<1>	—
重庆	1:<4>	1:<1>
小面	1:<6>	1:<3>
最好	1:<8>	—
配料	1:<11>	1:<6>
很好吃	—	1:<9>

表 2.3 中不再通过出现与不出现的状态来衡量，而是用类似 "1:<4>" 的数据格式进行存储。其中，起始位的 "1" 表示单词在该文档中出现的频率，后位的 "<4>" 表示单词所在的位置。

这里涉及 BM25 算法的两个假设。

1）同样出现过这篇文档的单词，如果出现的频次比较高，那么相似度比较高。

2）同样出现这个单词的文档，如果单词在文档的开头部分，那么认为这个单词与该文档相似度更高。

结合表 2.3 设计，再对 BM25 的一般式（2-1）进行分析，则函数可以表示为

$$R(q_i,d) = \frac{f_i \cdot (k_1+1)}{f_i+K} \cdot \frac{q\rho_i \cdot (k_2+1)}{qf_i+k_2} \tag{2-2}$$

$$K = k_1\left(1-b+b \cdot \frac{\mathrm{dl}}{\mathrm{avgdl}}\right) \tag{2-3}$$

式中，k_1、k_2、b 为调整系数，一般根据经验设定，k_1、$k_2=2$，$b=0.75$；f_i 为 q_i 在 d 中的显示频率；ρ_i 为 q_i 在输入信息中出现的频率；dl 为文档 d 的长度；avgdl 为全部文档的平均长度。大多数情况下，q_i 在输入信息中只显示一次，即 $\rho_i=1$，所以公式可以简化为

$$R(q_i,d) = \frac{f \cdot i(k_1+1)}{f_i+k} \tag{2-4}$$

另外，对于每个单词对应的权重 W_i 的计算，BM25 算法中使用 IDF 来计算，公式为

$$\mathrm{IDF}(q_i) = \log \frac{N-n(q_i)+0.5}{n(q_i)+0.5} \tag{2-5}$$

式中，N 为文档的总数，$n(q_i)$ 为当前单词在文档中出现的总次数。最后的 0.5 是为了防止分母为 0。综上，实际运用的 BM25 算法为如下表示形式：

$$\mathrm{Score}(Q,d) = \sum_i^n \mathrm{IDE}(q_i) \cdot \frac{f_i(k_1+1)}{f_i+k_1\left(1-b \cdot \frac{\mathrm{dl}}{\mathrm{avgdl}}\right)} \tag{2-6}$$

2.1.3　文本向量化

文本向量化模型[38]的前身为向量空间模型（vector space model，VSM），20 世纪
60 年代，这项技术因部署于 Smart 文本检索系统（Smart 系统由美国康奈尔大学研发，最
初的研发工作由 Gerard Salton（杰拉德·索尔顿）教授领导，并在 20 世纪 80 年代初开
发出第一个版本）取得了很大的成就而为世人所熟知。文本向量化的思想简单易懂：将待
处理的文本信息分割成若干个单词，每个单词对应空间上的一个维度，单词的词频和权重
对应其在空间维度上的长度。这样便可以用文档空间上的相似度来表示文档语义上的相似
度。在相似度的度量上，常用的有库尔贝克-莱布勒散度（Kullback-Leibler divergence，KL
散度）、欧氏距离、余弦相似度等方法。目前，广泛应用的文本向量化算法有两种：词频
逆文档频率（term frequency-inverse document frequency，TF-IDF）算法和词嵌入（word to
vector，Word2vec）算法。

1. TF-IDF 算法

TF-IDF 算法[39]包含词频（term frequency，TF）和逆向文档频率（inverse document
frequency，IDF）两个重要衡量指标。TF 代表文档中单个单词的显示频率，IDF 反映关
键字的流行标准，并用它去计算该单词对文档的辨别能力，为了避免某词在文档中出现
次数为 0，要对 IDF 的计算进行平滑处理。TF-IDF 的公式如下：

$$\text{TF-IDF} = \frac{\text{某个单词在文档中的出现次数}}{\text{文档的总词数}} \times \log\left(\frac{\text{词料库的文档总数}}{\text{包含该词的文档数} + 1}\right) \quad (2\text{-}7)$$

在 TF-IDF 算法中，一个单词在某一类别的出现频率很高并不能决定它属于这个类
别，相反，算法会考虑出现频率很小的单词，因为这些单词更具有区分类别的能力。

2. Word2vec 算法

Word2vec 刚开始是被 Tomas Mikolov（托马斯·米科洛夫）带领的一批研究人员首
先提出来的，随后被其他研究人员研究和分析。此模型把大量的文本用来输入，生成数
百维向量空间，在该空间内，语料库里的每个唯一词都被分给对应的向量，因此有同样
语境的词在语料空间里彼此十分接近。

Word2vec[40]包括跳字模型（skip-gram）和连续词袋（continuous bag-of-words，
CBOW）模型。其中，任意一种模型都可以生成单词的分布式表示。前者是根据当前词
的语义来对其前后的词进行预测，后者是根据前后文的词义来对当前时刻的词进行预测。
研究人员经过实验分析得出，skip-gram 在训练中更慢一些，CBOW 则相比 skip-gram 较
快，skip-gram 更擅长处理不经常出现的词，并且能够计算前后单词的权重。

由于 CBOW 模型与 skip-gram 模型网络结构相同，本书重点阐述 skip-gram 模型的
网络结构。skip-gram 模型主要有输入层、投影层以及输出层，其网络结构如图 2.2 所示。
w 表示当前输入的词，Context(w)是它对当前上下文单词的预测，具体公式如下：

$$p(\text{Context}(w) \mid w) = \prod_{u \in \text{Context}(w)} p(u \mid w) \quad (2\text{-}8)$$

输入层：w 的词向量 $V(w) = R_m$ 仅仅存在于当前样本的中心词中。

投影层：skip-gram 存在一个完全相同的投影层，是投影 $V(x)$ 到 $V(w)$，填入相同投影层的目的是与 CBOW 的网络结构保持一致。

输出层：网络结构与 CBOW 的一样，也是输出一棵哈夫曼树。

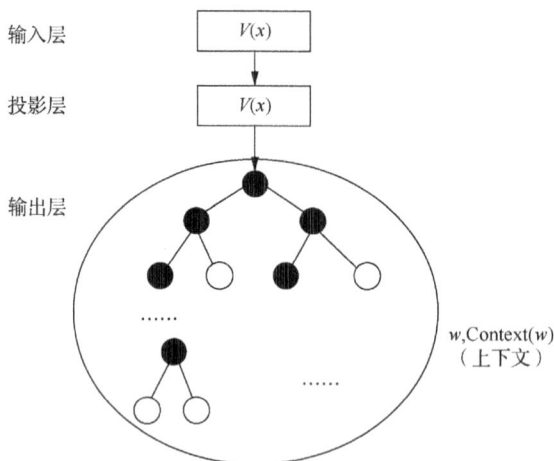

图 2.2　skip-gram 模型的网络结构

2.1.4　答案抽取评估

查准率（precision ratio）、召回率（recall）、F_1 分值、准确率（accuracy）和 ROC 曲线是答案抽取实验结果的常用评判标准。

1. 查准率

查准率是指在预测值中查找预测值为正的（positive）比例，其公式为

$$P = \frac{\mathrm{TP}}{\mathrm{TP} + \mathrm{FP}} \tag{2-9}$$

式中，TP 是指预测准确的数量；FP 是指预测有误的数量。

2. 召回率

召回率也称为查全率，计算真正预测为 positive 的值占实际为 positive 的值的个数的比率，其公式为

$$R = \frac{\mathrm{TP}}{\mathrm{TP} + \mathrm{FN}} \tag{2-10}$$

式中，TP 是指真正预测对的个数；FN 表示真实类别被误判为其他类别的个数。

3. F_1 分值

F_1 分值是基于 P 和 R 的调和平均数，其公式为

$$F_1 = \frac{2P \cdot R}{P + R} \tag{2-11}$$

4. 准确率

准确率为分类问题中相对简单的评价规则，是指对于给定的测试集，分类器正确分类的样本数与样本总数的比率，其公式为

$$A = \frac{TP + TN}{TP + TN + FP + FN} \tag{2-12}$$

式中，TP 为真阳性；TN 为真阴性。

5. ROC 曲线

ROC 曲线为通过多种不同的二分类方法，以"真正例率"（true positive rate，TPR）为纵轴，以"假正例率"（false positive rate，FPR）为横轴绘制的曲线。

$$TPR = \frac{TP}{TP + FN} \tag{2-13}$$

$$FPR = \frac{FP}{TN + FP} \tag{2-14}$$

2.2 深度神经网络

人工神经网络（artificial neural network，ANN）是 20 世纪 40 年代由 Warre McCulloch（沃尔·麦卡洛克）和 Walter Pits（沃尔特·皮茨）设计的，但因为当时资源缺乏，并没有得到很广的应用。21 世纪初，计算机的硬件性能，尤其是处理速度有了突破性的发展，伴随人工智能行业的发展，ANN 因其高并行、自适应、自学习等优势，得到了前所未有的发展，在人工智能中扮演着重要的角色。深度神经网络（deep neural network，DNN）可以理解为有很多隐藏层的神经网络，又被称为深度前馈网络（deep feed forward network，DFFN）、多层感知机（multi-layer perceptron，MLP）。

近年来，随着对人工智能的不断探索和研究，神经网络开始出现变形。例如，对时序信息保留长期记忆能力的长短时记忆神经网络、处理时序信息的循环神经网络、包含卷积计算的卷积神经网络。另外，计量经济学的传统算法与神经网络相结合的处理方式，也愈发被研究人员所接受，并取得了很大的成效。尤其是在自动驾驶、客服机器人、信息分类、人脸识别、经济预测、医学判断等领域中，一些传统方法难以解决的实际问题，神经网络算法都取得了很好的效果。下面详细介绍 3 种主流的神经网络特征提取算法。

2.2.1 卷积神经网络

CNN[41]是一种前馈神经网络，最早由 Hubel（胡贝尔）和 Wiesel（威塞尔）在研究猫脑皮层神经元时提出的。该模型在提取局部特征方面的优势在图像分析和语音识别领域发挥了极大的作用。近几年，CNN 模型逐渐被应用于情感分析、句子建模和搜索查询等 NLP 任务中，通过这些任务可以发现，CNN 可以很好地处理文本数据。在问答系统领域中，CNN 以训练好的词向量为输入，然后利用卷积层学习局部文本的 n 元（n-gram）

特征，最终通过最大池化层提取每个局部区域的最大值作为相似度计算层的输入。CNN的输入是预训练好的词向量，节省了很多的文本预处理工作，提高了搭建问答系统的效率。CNN 主要由输入层、卷积层、池化层和全连接层构成，如图 2.3 所示。

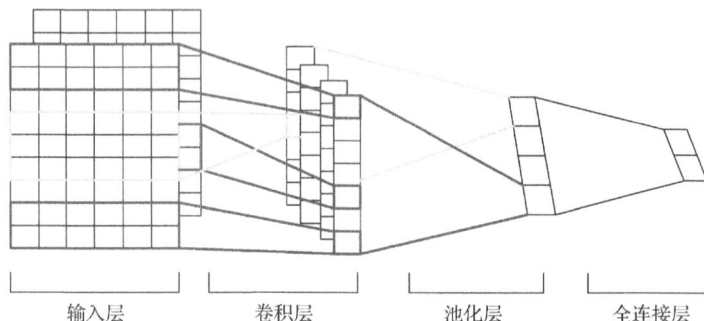

| 输入层 | 卷积层 | 池化层 | 全连接层 |

图 2.3　卷积神经网络结构

卷积层（convolutional layer）：主要功能是通过滑动窗口获取词与词之间的局部特征信息，通过卷积运算能够获取不同长度文本的局部特征，卷积神经网络由多个卷积单元构成卷积层，利用反向传播算法对卷积单元的参数进行优化。

假定 $x_i \in R_k$ 代表第 i 个词语的 k 维词向量，则以下矩阵可得到长度为 n 的句子：

$$E \in R^{n+k} \tag{2-15}$$

将 E 作为 CNN 的输入矩阵，然后通过卷积核 $w \in R_h \times k$ 对窗口大小为 h 的文本提取局部特征，由如下公式得到新的特征表示 c_i：

$$c_i = f(wx_{i:i+h-1} + b) \tag{2-16}$$

式中，f 为激活函数；b 为偏置参数。接着用卷积核对文本中每个以 h 为卷积校验文本的窗容量，得到以下新的特征表示：

$$c = [c_i, c_2, \cdots, c_{n-h+1}] \tag{2-17}$$

池化层（pooling layer）：一般卷积层提取的文本特征维度较为宽泛，需要池化层提取最显著的特征。池化层可以将特征分割为若干个区域，然后分别提取各个区域内的平均值（平均池化）或最大值（最大池化），组成维度较小的新的特征。通过把局部前后特征向量映射成长度固定的全局特征向量，可以有效降低运算时间，保留特征向量中的显著特征。

$$\hat{c} = \max\{c\} \tag{2-18}$$

全连接层（fully-connected layer）：该层把全部的局部特征组合成全局特征，作为计算最终的相似度分值，得到最优化的匹配结果。

2.2.2　循环神经网络

在神经网络的发展过程中，对于时间序列的预测，尤其是长距离序列记忆问题一直是一个缺陷。人的大脑在思考问题时，会依赖以往的记忆或经验来判断。基于这个思想，研究人员提出了循环神经网络。循环神经网络可以将上一个时刻的信息保留，传入下一个时刻，从而对该时刻的序列表示上做一定的修正。这样由第一个时刻不断传递到最后一个时刻的过程，就是模型意义上的循环。

RNN 在实际训练过程中对于"记忆"的长期保留能力很差。一般在 50 个时间步左右，便会遗忘很多信息。LSTM[42]作为循环神经网络的一种变体，它的网络设定就是为了解决 RNN 存在的长序列依赖的问题，LSTM 的网络结构如图 2.4 所示。

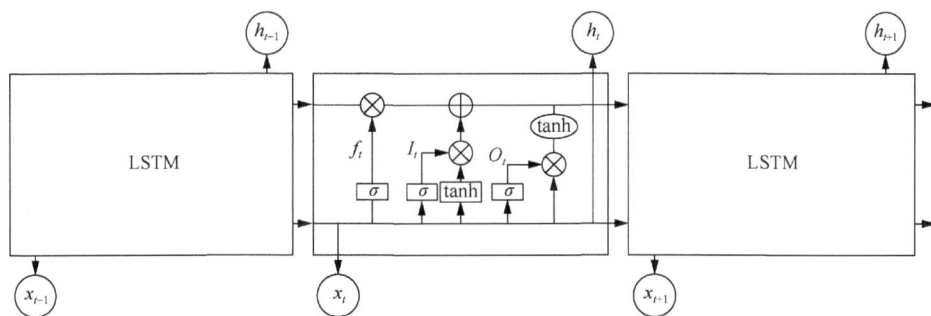

图 2.4　LSTM 的网络结构

相较于 RNN 的循环结构，LSTM 设置的专线是专门用来储存时序信息的。在 LSTM 神经网络的组成上可以简单地将其分为输入门（input gate）、遗忘门（forget gate）、输出门（output gate）。若 $x = (x_1, x_2, \cdots, x_t)$ 为文本序列；词向量表示为 $\boldsymbol{x}_t$，表示方法能够采用分布式词向量，或者是 one-hot 编码（一位有效编码）。

在时间 t，输入门 I_t 控制输入信息，同意或禁止输入改变存储单元的状态，也就是确定要更新的值。

$$I_t = \sigma(Wx_i\boldsymbol{x}_t + U_i\boldsymbol{h}_{t-1} + \boldsymbol{b}_i) \tag{2-19}$$

通过此时的输入和 $t-1$ 时刻的输出向量 $\boldsymbol{h}_{t-1}$ 产生新的向量。

$$\tilde{C}_t = \tanh(W_c\boldsymbol{x}_t + U_c\boldsymbol{h}_{t-1} + \boldsymbol{b}_c) \tag{2-20}$$

当时间为 $t-1$，遗忘门 f_t 控制存储单元的状态，使存储单元可以记住或忘记之前的状态，也就是从当前状态确定要遗忘的信息。

$$f_t = \sigma(W_f\boldsymbol{x}_t + U_f\boldsymbol{h}_{t-1} + \boldsymbol{b}_f) \tag{2-21}$$

将遗忘门确定要舍弃的信息与存储器的旧状态结合在一起，然后与当前时刻的候选值相加，产生新的候选值 C_t。

$$C_t = i_t \times \tilde{C}_t + f_t \times C_{t-1} \tag{2-22}$$

输出门 O_t 控制长期存储信息并影响当前时刻的输出值。

$$O_t = \sigma(W_o\boldsymbol{x}_t + U_o\boldsymbol{h}_{t-1} + \boldsymbol{b}_o) \tag{2-23}$$

最后得到的输出值由输出门 O_t 与存储单元状态候选值 C_t 结合产生。

$$\boldsymbol{h}_t = O_t \times \tanh(C_t) \tag{2-24}$$

式中，$\boldsymbol{h}_t$ 和 $\boldsymbol{x}_t$ 是第 t 时刻的隐藏层向量和输入向量；I_t、f_t、O_t、C_t 是第 t 时刻的输入门、遗忘门、输出门、存储器单元状态输出。S 型函数由 σ 表示。遗忘门 f_t 控制前一个单元的遗忘程度，输入门 I_t 控制当前单元的更新程度，输出门 O_t 控制当前单元的新输出。U、

W 是权重矩阵。b 是偏移矢量。它们的下标分别表示它们的分类。LSTM 模型能够通过控制这些门来读取、保存和更新更多的信息，以便提升性能。

2.2.3 Transformer 模型

Transformer 模型由谷歌发布的 *Attention is all you need*（《注意力机制就是你需要的全部》）文章提出，是第一个用纯注意力机制 Attention 搭建的模型。Transformer 最初提出是被用于机器翻译，Transformer 模型[43]由 Multi-Head Attention（多头注意力）块堆叠而成，其核心之处在于 Multi-Head Attention 块的自注意力（self attention）计算。Transformer 模型结构如图 2.5 所示。

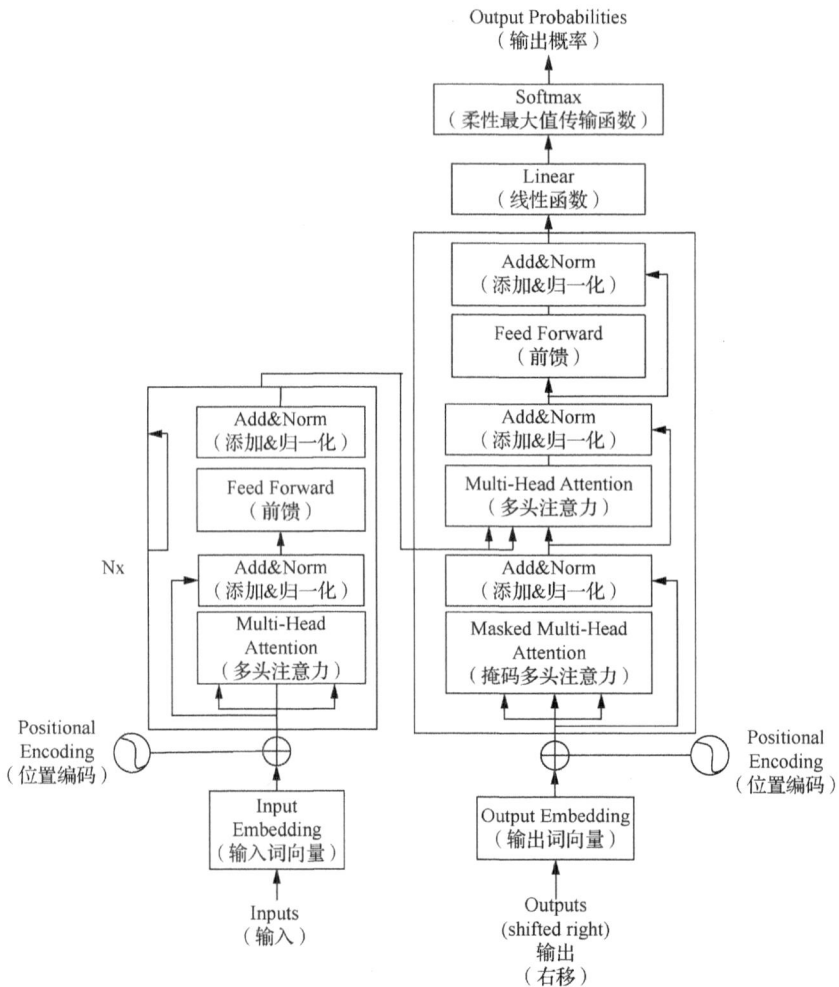

图 2.5　Transformer 模型结构

Transformer 模型结构分为编码器（encoder）和解码器（decoder），该模型由几个相同的层组成，每层包含一个 Multi-Head Attention 机制和前馈网络。

Multi-Head Attention 机制是 Attention 机制的变形，通过对 Attention 机制改进，加入 Head，从而可以对不一样的表征空间同步地得到不同的信息，增加了提取文字信息的能力，Multi-Head Attention 层结构如图 2.6 所示。

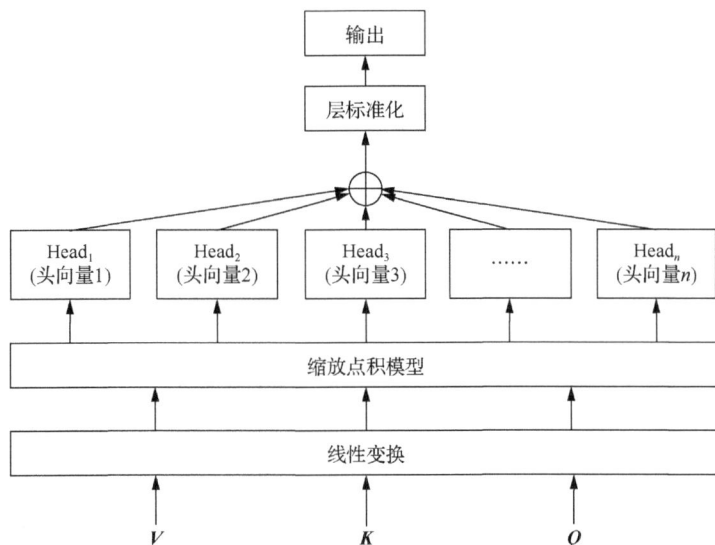

图 2.6 Multi-Head Attention 层结构

计算 Multi-Head Attention 的第一步是进行线性变换，对于给定矩阵 Q、V、K，若 $Q=K=V=X$，其中 X 是词向量拼接后产生，进行线性变换：

$$Q_i = XW_i^q \tag{2-25}$$

$$K_i = XW_i^k \tag{2-26}$$

$$V_i = XW_i^v \tag{2-27}$$

式中，参数 W_i^v、W_i^k、$W_i^q \in R^{m \times r}$；下标 i 表示参数 W 属于 Head$_i$。得到的 V_i、K_i、$Q_i \in R^{n \times r}$，线性变换后的矩阵没有变化，便于之后的计算。

第二步是进行缩放点积计算，即利用点积计算相似度，这一步主要是计算概率分布。首先用 Q 计算 K 的相似度，然后用 Softmax 函数得出 K 和 Q 的注意力分布，最后用 V 进行加权求和。

$$\text{Attention}(Q,K,V) = \text{Softmax}\left(\frac{QK^{\mathrm{T}}}{\sqrt{r}}\right)V \tag{2-28}$$

$$\text{Head}_i = \text{Attention}(XW_i^q, XW_i^k, XW_i^v) \tag{2-29}$$

$$\text{Head} = \text{Concat}(\text{Head}_1, \text{Head}_2, \text{Head}_3, \cdots, \text{Head}_n) \tag{2-30}$$

式中，V、K、Q 均是 X 线性变换后得到的矩阵，r 为 K 的维度，除以 $\sqrt{r}$ 的目的是把数值控制在适合的范围内，避免其过大。通过拼接多个 Head 能够获得文本全局特征。Softmax 是归一化函数，其公式为

$$\text{Softmax}(g(\boldsymbol{Q}, \boldsymbol{K})) = \frac{e^{g(\boldsymbol{Q}, \boldsymbol{K})}}{\sum_i e^{g(\boldsymbol{Q}, \boldsymbol{Kj})}} \tag{2-31}$$

式中，$g(\boldsymbol{Q}, \boldsymbol{K})$ 为 $\boldsymbol{Q}$ 和 $\boldsymbol{K}$ 通过点积运算得到的 $\boldsymbol{Q}$ 与 $\boldsymbol{K}$ 的相似度；Softmax 函数的功能为把全体实数映射在 0～1 中。

层标准化（layer normalization）是水平归一化，只计算相同层隐藏单元，相同的输入具有一样的均值和方差，不同的训练样本则反之，可以改善并且加速训练损失的收敛。

$$u^L = \frac{1}{M} \sum_i x_i^L \tag{2-32}$$

$$\sigma^L = \sqrt{\frac{1}{M} \sum_i^M (x_i^L - u^L)^2} \tag{2-33}$$

$$H = F\left(g \otimes \frac{x - u^L}{\sqrt{\sigma^L + \varepsilon}} + \beta\right) \tag{2-34}$$

式中，$\otimes$ 为点乘运算；g、β 为参数；x_i^L 为模型内第 L 层隐藏层的第 i 个隐藏单元；M 为第 L 层隐藏单元的总数；σ^L 为第 L 层的方差；u^L 为第 L 层的均值。

2.3　答案选择模型

问答系统在进行答案选择时，不仅要考虑文本中字的特征，还需要考虑词、句子的特征。为了更好地捕捉更高层次的特征，采用基于转换器的双向语义编码表征（bidirectional encoder representations from transformers，BERT）预训练模型来进行处理。BERT[44]利用 Transformer 模型来学习文本中单词之间的前后关系。原始形式的 Transformer 模型由读取文本输入的编码器和为任务生成预测的解码器两种机制构成，由于 BERT 的目标是生成语言模型，因此仅需要编码器机制即可。

BERT 算法模型集成了 NLP 领域中的一些顶尖的思想，包括半监督序列学习（semi-supervised sequence learning，SSL）、从语言模型嵌入（embedding from language model，ELMo）的预训练模型。ELMo 的核心思想体现在深度上下文，除了提供临时词嵌入外，还提供生成这些词嵌入的预训练模型。因此，在实际应用中，ELMo 可以基于预训练模型，根据实际上下文场景动态调整单词的词嵌入表示、文本分类的统一语言模型微调（universal language model fine-tuning for text classification，ULMFiT）、Transformer。这里的每一个算法模型的思想都很大程度地推进了 NLP 领域的研究进展。BERT 的出现使得 NLP 的研究走向以迁移学习为核心的方向，并且取得了巨大的进步，在问答领域也是如此。

语言模型的每一次进步都推动着自然语言处理的发展，通过这些发展也可以洞悉未来表征学习将会越来越多地应用到自然语言处理相关任务中，可以充分地利用目前海量的数据，结合各种任务场景，训练出更为先进的模型。

本节首先介绍 BERT 算法及其迁移学习的思想，在此之后详细阐述 BERT 模型实现答案选择的流程，最后对 BERT 在 TREC QA 数据集和 Wiki QA 数据集上的实验结果进行评估。

2.3.1　迁移学习

迁移学习指的是把一个领域内的知识转移到某个新的领域，从而新的领域会获得更优学习效果的算法[45]。迁移学习分为两种：一种是基于特征（feature）的迁移学习，即从现有的模型中学习到词嵌入（word embedding），然后用词嵌入作为新模型的底子去进行训练；另一种则是模型的迁移学习，而所谓模型的迁移学习，原始的方法就是保证已经在其他数据集上训练得到的模型的一部分参数不变，调整另一部分参数。不变的参数一般是底层参数，变化的参数一般是高层参数。在传统学习中，答案选择任务可以看作一个二分类的问题，给予一个问题和答案，分类在"匹配"与"不匹配"之间。在这个模式下，为了保证训练得到的模型具有较高的准确性和可靠性，需要设定以下两个基本的条件。

1）训练所用到的样本与测试的样本需要满足独立同分布。

2）需要准备足够多的训练样本，才能从训练的样本中学到更多的知识。

但是，在现实生活里这两个条件通常无法满足。第一，随着时间的推移，先前能够使用的数据样本过时，从而导致和新测试样本分布的语义有差距；第二，有标签样本的数据一般很稀缺并且较难获得。随之引出机器学习的一个重要问题，怎样通过有少量标记的训练数据去构建可靠的模型，从而预测不同对象分布的目标领域。随着信息时代的发展，迁移学习也逐渐引起了更多的关注和研究。

在 BERT 出现之前，Word2vec、Glove 等都尝试用预训练的方式来存储文本特征，可以说为迁移学习在 NLP 领域的应用奠定了基础。BERT 更像是一个集大成者，它从 ELMo 相较于 Word2vec 带来的大幅提升得到启示，预训练的模型不应该仅仅只为下游的 NLP 任务提供一份较好的词嵌入。在这个启示下，BERT 预训练的模型，不仅蕴含了字符级的特征，也蕴含了词、句子甚至句间关系的特征。这使得之后的迁移学习，只需要为 NLP 任务定制一个轻量级的输出层就能完成整个任务。

2.3.2　BERT

利用 BERT 算法设计的模型框架如图 2.7 所示。

BERT 的使用分为两个步骤：首先从一个大型的数据集（维基百科）中预训练 BERT 的语言模型[46]，然后再通过监督学习的方式调用训练好的语言模型完成下游的任务。从中可以清楚地了解到 BERT 算法的迁移学习思想，通过大量的外部数据完成文本数据之间的语义表示，再以网络的前向传播机制解决单词在不同描述下的语境问题。

由此，工作的核心被放在了预训练语言模型上，而拥有超高算力的互联网巨头可以轻松地完成对巨量文本信息的预训练，而研究人员可以直接使用预训练好的语言模型来完成下游任务。这个完成下游任务的过程称为微调。

BERT 的基础结构与 Transformer 算法的编码器部分一致，相较于原始 Transformer，BERT 提高了网络的层数，即多头注意力块数，隐藏单元的节点个数以及注意力头的头数。

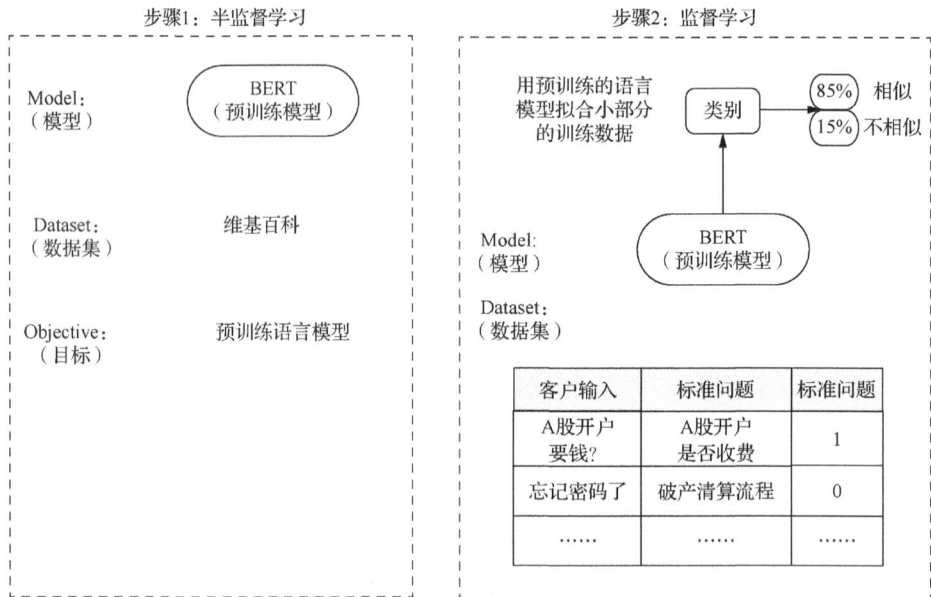

图 2.7　利用 BERT 算法设计的模型框架

1. 输入层

BERT 的模型输入与 Transformer 模型一致，都是固定长度的单词索引，最终得到的编码如同 Transformer 一样，从底层向顶层不断地传递计算，且每层都是固定的多头注意力和前馈神经网络组成的编码单元。

其中，BERT 的输入第一个字符被标记为"[CLS]"，如图 2.8 所示。

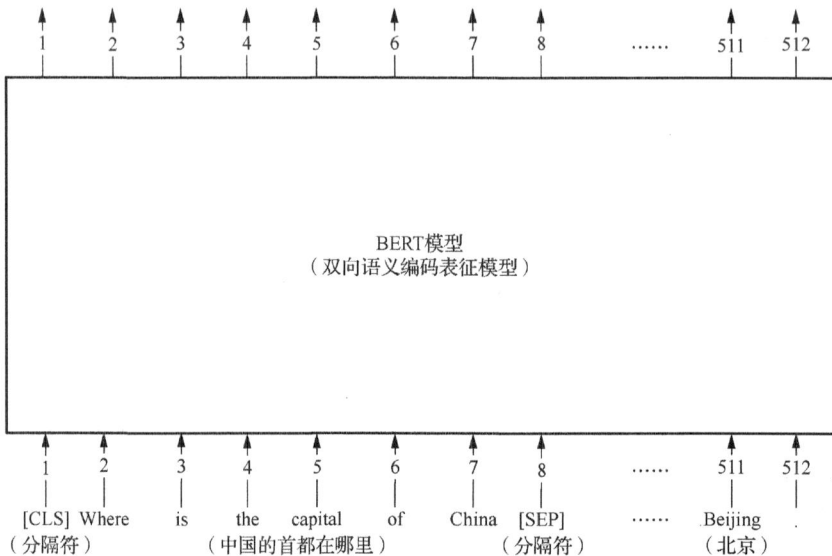

图 2.8　BERT 模型输入

这表示的是"Classification"，即分类的意思。中间的"[SEP]"表示分隔，以此来区分两个不同的句子。使用预训练好的 BERT 模型，在数据的输入上将问句和答案通过"[SEP]"拼接为一个句子，并在问句的开始加入"[CLS]"标签，使得 BERT 可以从该标签上捕捉到问句和答案的匹配关系。

由图 2.8 可知，首先将输入的问句和答案进行拼接，BERT 模型会对该文本信息进行编码，从而得到模型的词嵌入。词嵌入的编码方式综合考虑了上述文本信息的数字索引信息、文本序列信息（即位置信息）以及问句和答案的区分信息。

2. 建模层

通过上面的方式得到了 BERT 模型的输入，通过 BERT 的编码器可以将输入数据转化为单词的词嵌入。相关词嵌入向量送入 BERT 模型后，会经过 n 个 Transformer 编码器。开源的 BERT 模型分为基础版本和扩大版本，其中基础版本包含 12 个 Transformer 编码器，扩大版本包含 24 个 Transformer 编码器。BERT 模型中间层如图 2.9 所示。

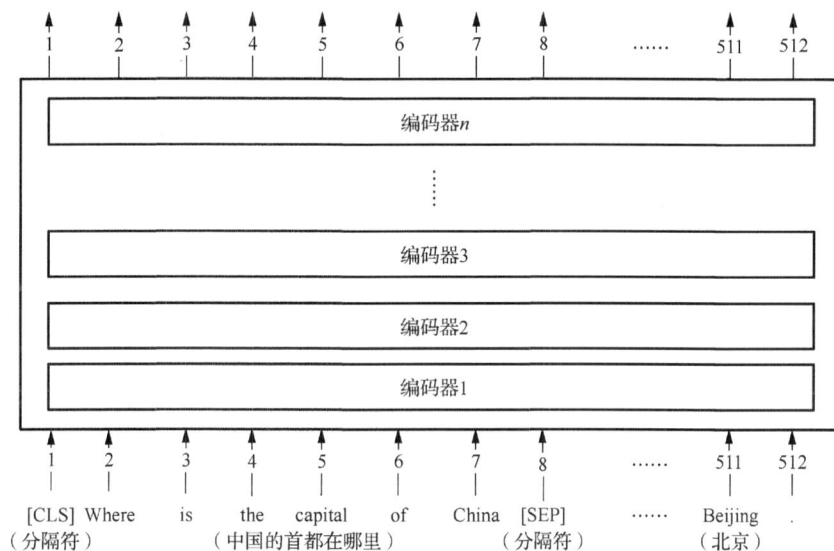

图 2.9　BERT 模型中间层

每个编码器的内部结构相同，如图 2.10 所示。

经过词嵌入处理的编码矩阵会通过 Self Attention 计算每个单词和其他全部单词的相关性分值，并以此分值来更新自己的编码信息。对更新好的编码信息又通过全连接层的网络来提高其非线性拟合的能力。Self Attention 和全连接层计算后会加上层次归一化后的值，以避免训练过程中由于网络过深导致的梯度消失及梯度爆炸问题。

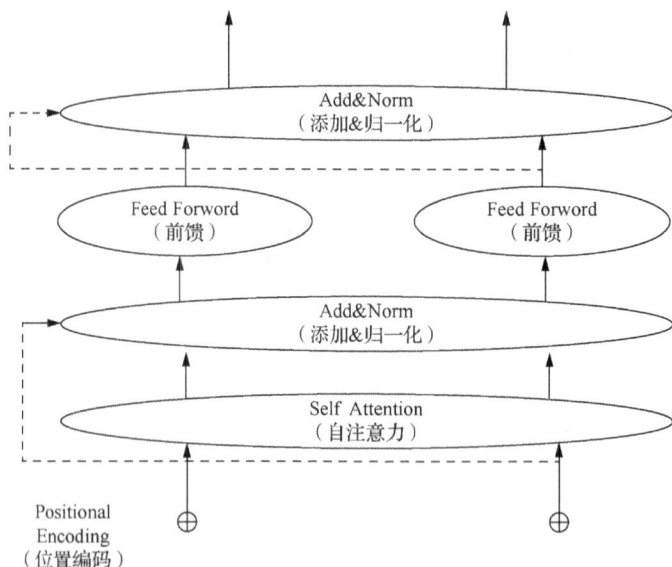

图 2.10　编码器内部结构

多头注意力的计算大致过程如下：将输入矩阵设为 Q、K、V 这 3 个矩阵；通过线性变换将 Q、K、V 这 3 个矩阵生成与之对应的 **Query**、**Key**、**Value** 特征图；将 **Query**、**Key**、**Value** 按多头注意力的头数分别分割为多个子特征图，对每个子特征图进行自注意力运算。自注意力计算公式如下：

$$\text{Attention}(\textbf{Query}, \textbf{Key}, \textbf{Value}) = \text{Softmax}\left(\frac{\textbf{Query} \cdot \textbf{Key}^{\text{T}}}{\sqrt{d_k}}\right) \cdot \textbf{Value} \qquad (2\text{-}35)$$

式中，**Query**、**Key**、**Value** 是自注意力的 3 个输入矩阵，由词嵌入的矩阵通过线性变化得到；d_k 表示矩阵 **Query** 的列数。

3. 输出层

前面提到 BERT 的输出中，在问句的开始位置加入了一个"[CLS]"标签。该标签在模型的输出中被表示为整个句子的分类信息。

首先从 BERT 的所有输入中提取出该分类的向量信息，然后使用全连接层将其分为匹配与不匹配两个类别。

BERT 模型的输出层如图 2.11 所示。

其中，"Classifier"表示对"[CLS]"这个向量的顶层编码向量的分类器。本实验中使用简单的全连接网络进行分类。

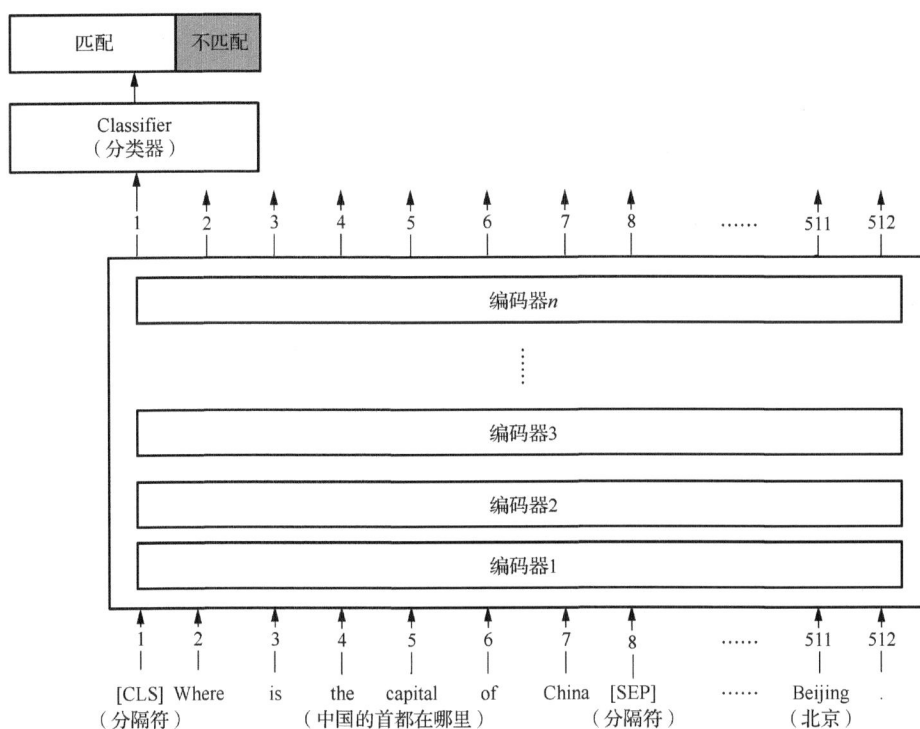

图 2.11　BERT 模型的输出层

2.3.3　答案选择实验

TREC QA 和 Wiki QA 数据集，每个数据集都被分为了训练数据集、验证数据集和测试数据集。

可以使用 Python 的第三方开源库 Transformers 来实现对 BERT 预训练模型的调用，预处理阶段，将 TREC QA 或者 Wiki QA 数据集按问题和答案分别读入到两个数组中，并将问题和对应的答案按"[SEP]"分隔符拼接在一起，同时在问题的开头添加"[CLS]"分隔符，作为分类的识别标记。

举个例子：问题"中国的首都在哪里（Where is the capital of China）？"和其对应的答案"北京（Beijing）."。在预处理的过程中就会转化为"[CLS] Where is the capital of China? [SEP] Beijing. "，然后将转化后的数据，通过 Transformers 库提供的 BertTokenizer.encode 函数转化为数值化序列，数值化序列中包含单词对应的索引信息、所处位置信息、问题与答案的区分标记。

将前面得到的数值化序列放入 Transformers 库提供的 BertModel 函数中，该函数执行过程中会将文本信息的数值化序列经过单词编码、位置编码转化为词嵌入矩阵，然后再将该矩阵通过 12 层的多头注意力块进行特征提取。对于文本序列的每个字符，多头注意力都会计算其与其他字符的注意力系数，并以此更新自己的单词表示。因为本书使用的是预训练好的 BERT 模型，所以网络模型中的参数都是通过已有的参数来更新的，而不像其他网络会预先初始化整个网络。

BERT 模型的输出是最大文本长度乘以 768 的编码矩阵。其中，768 是每个字符编码向量的维度。由于本实验实现的是答案选择任务，该任务不需要使用整个矩阵来对是否匹配进行预测，只需取 BERT 输出矩阵的第一行，也就是"[CLS]"这个字符所在位置的向量。

取出向量后，添加一个简单的前馈神经网络，将 768 维的分类信息映射到二维，分别表示匹配和不匹配。通过与真实标签进行对比得到模型预测值和真实值的误差。

在训练过程中通过该误差来指导网络反向传播更新前馈神经网络的参数，以及对 BERT 模型的微调。

在进行一轮训练后，得到训练集整体的准确率情况和误差值指标，但是对于训练集来说这些指标不是那么重要，评估模型的表现需要使用测试数据集上的指标。

程序逻辑：每轮训练结束后进行一次测试。对于测试的结果通过与历史最高的准确率判断，当测试结果高于历史最高准确率时，对当前的模型进行保存。这样最终保存在本地的就是准确率最高的模型。

在训练过程中对最大文本长度、学习率、迭代次数、丢包率等参数进行了调整。在不同参数下 BERT 网络训练的指标使用精准度、召回率、F_1 分值、准确率来评估。

对 TREC QA 数据集进行验证，得到的实验结果如表 2.4 所示，其中黑色加粗的数据为最好结果。

表 2.4　TREC QA 数据集实验结果

最大文本长度	学习率	迭代次数	丢包率/%	精准度		召回率		F_1 分值		准确率
				匹配	不匹配	匹配	不匹配	匹配	不匹配	
32	1×10^{-4}	10	0.1	0.89	0.85	0.87	0.89	0.88	0.87	0.87
32	5×10^{-5}	10	0.2	0.90	0.89	0.89	0.88	0.89	0.88	0.89
32	5×10^{-5}	20	0.3	0.91	0.91	0.90	0.91	0.90	0.90	0.90
64	1×10^{-4}	10	0.1	0.88	0.87	0.88	0.87	0.88	0.87	0.88
64	5×10^{-5}	10	0.2	0.90	0.90	0.91	0.69	0.90	0.90	0.90
64	$\mathbf{5 \times 10^{-5}}$	**20**	**0.3**	**0.94**	**0.93**	**0.94**	**0.92**	**0.93**	**0.93**	**0.93**
128	1×10^{-4}	10	0.1	0.92	0.91	0.93	0.91	0.92	0.92	0.92
128	5×10^{-5}	10	0.2	0.93	0.92	0.92	0.91	0.92	0.91	0.92
128	5×10^{-5}	20	0.3	0.93	0.92	0.92	0.92	0.92	0.92	0.92

训练过程中，通过对最大文本长度进行分析，可以初步确认在长度为 64 时，BERT 模型表现最佳。在调整学习率的过程中发现，加大学习率虽然提升了一定的收敛速度，但最终效果不好。最终的实验参数为：64 的最大文本长度，5×10^{-5} 的学习率，20 轮的迭代次数以及 0.3% 的丢包率。

同样对 Wiki QA 数据集做上述实验，得到的实验结果如表 2.5 所示。

表 2.5　Wiki QA 数据集实验结果

最大文本长度	学习率	迭代次数	丢包率/%	精准度		召回率		F_1 分值		准确率
				匹配	不匹配	匹配	不匹配	匹配	不匹配	
32	$1×10^{-4}$	10	0.1	0.83	0.71	0.81	0.83	0.82	0.82	0.82
32	$5×10^{-5}$	10	0.2	0.85	0.84	0.83	0.81	0.82	0.83	0.83
32	$5×10^{-5}$	20	0.3	0.86	0.85	0.83	0.84	0.83	0.85	0.84
64	$1×10^{-4}$	10	0.1	0.82	0.80	0.82	0.82	0.82	0.81	0.83
64	$5×10^{-5}$	10	0.2	0.84	0.86	0.85	0.82	0.84	0.83	0.84
64	**$5×10^{-5}$**	**20**	**0.3**	**0.88**	**0.87**	**0.88**	**0.86**	**0.87**	**0.88**	**0.88**
128	$1×10^{-4}$	10	0.1	0.86	0.85	0.86	0.83	0.86	0.85	0.85
128	$5×10^{-5}$	10	0.2	0.85	0.86	0.86	0.85	0.86	0.85	0.86
128	$5×10^{-5}$	20	0.3	0.85	0.86	0.86	0.85	0.86	0.86	0.86

　　Wiki QA 数据集上得到的指标与 TREC QA 数据集上的表现呈正相关趋势，都在最大文本长度为 64、学习率为 $5×10^{-5}$、迭代次数为 20、丢包率为 0.3%时表现最佳。

　　因此为了进一步证明算法模型的有效性，使用 CNN 算法、LSTM 算法以及 Transformer 算法来进行对比实验，实验结果如表 2.6 所示。

表 2.6　TREC QA 和 Wiki QA 数据集实验结果

模型	TREC QA			Wiki QA		
	准确率	召回率	F_1 分值	准确率	召回率	F_1 分值
CNN	0.88	0.87	0.87	0.80	0.79	0.80
LSTM	0.90	0.88	0.89	0.81	0.81	0.81
Transformer	0.91	0.89	0.90	0.82	0.83	0.82
BERT	0.94	0.93	0.93	0.86	0.89	0.88

　　从表 2.6 中可以清楚地看出，使用 BERT 模型的算法性能明显优于其他基准深度神经网络模型。在实验中，尝试对 BERT 的顶层分类器使用自注意力机制等方式进行改进，但是性能并没有提高。因为 BERT 网络中已经包含了 12 层 Transformer 的编码器层，在此基础上叠加更多的编码器对算法没有任何帮助，尤其在数据集不是很大的情况下此现象更为明显。整体来说，使用 BERT 来构建答案选择网络在只对 "[CLS]" 标签接入一个全连接网络进行分类的情况下，已经较大幅度地优于一般深度神经网络可以达到的最好指标。

2.4　短文本相似度模型

　　在进行答案选择过程中，文本相似度计算可以很好地提升模型的性能。本节主要研究基于短文本相似度模型，从而为答案选择模型提供技术支持。

自然语言推理（natural language inference，NLI）是自然语言处理中的重要任务。具体来说，在通过一定的前提得到一个假设，需要知道前提和假设之间的语义相似性以区分它们的关系。这个任务和答案选择任务中判断问题与答案之间的语义相似性关系在算法的本质上是一样的。增强的顺序推理模型（enhanced sequential inference model，ESIM）是 NLI 领域中一个出色的算法模型，在此基础上改进提出基于 Transformer 的多头注意力机制 ESIM 算法，称为 MESIM。

ESIM 的核心为句子间的注意力机制（intra-sentence attention）。传统 ESIM 使用 RNN 结构，RNN 结构反向传播的并行效率差、计算复杂度高，虽然解决了一定的长期依赖问题，但是这个问题依然存在。通过使用 Transformer 的多头注意力机制作为特征提取层和推理层的提取函数，解决了 ESIM 的并行效率差以及长期依赖的问题。在以上基础上提出了 MESIM 算法，此算法集成了 Transformer 算法和 ESIM 算法的各自优势，和 BERT 的训练指标一致，在 MESIM 算法的训练过程中也对不同学习率、迭代次数、批次大小、最大文本长度等参数进行了调整。在不同参数下，使用精准度、召回率、F_1 分值、准确率来评估 MESIM 网络训练的指标，先对 TREC QA 数据集进行了验证，同样也对 MESIM 算法在 Wiki QA 数据集上的表现进行了验证，并在最终的结果评估中取得了较好的性能。

2.4.1　ESIM 算法

Chen 等在 2016 年的计算语言学协会（Association for Computational Linguistics，ACL）会议上提出了增强简单输入输出模型（enhanced simple input-output model，ESIM）算法，ESIM 算法是一种专门处理自然语言推理任务的加强版 LSTM 模型。

ESIM 从提出以来一直在自然语言推理的任务上表现突出，是自然语言推理领域的基线。从模型设计的角度来看，ESIM 设计的思路十分清晰，具有很好的说服力，网络结构相对简单，没有使用很多的技巧，扩展性也比较强，效果具有明显的提升。

ESIM 由输入编码（input encoding）、局部推理建模（local inference modeling）和推理合成（inference composition）3 部分组成，其精细的设计序列式推理结构以及局部推理加全局推理的结构为处理 NLP 任务提供了很好的支持。

ESIM 提出用句子间的注意力机制来实现局部的自然语言推理，从而进一步实现全局推断。相对于 RNN 网络结构，ESIM 在更深层次的语言建模方面提供了基础，这是 ESIM 的关键改进。ESIM 的架构如图 2.12 所示。

其中，Bi-LSTM 模型是双向长短时记忆网络模型，Bi-LSTM 和 Tree-LSTM 作为模型整体的输入编码层，结果作为局部推理建模的输入，再进行推理合成，最后进行融合 Softmax 预测。

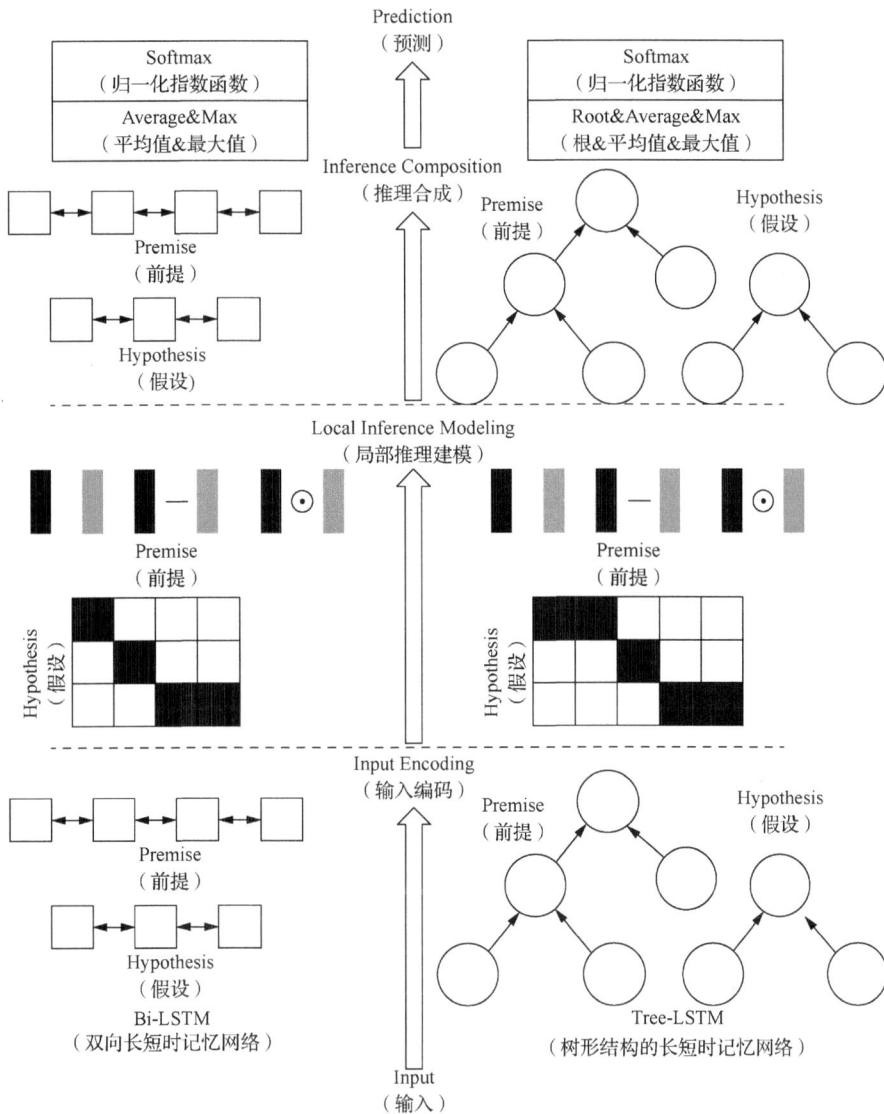

图 2.12　ESIM 的架构

2.4.2　MESIM 算法

基于多头注意力机制的 MESIM 模型架构如图 2.13 所示。

改进后的 ESIM 算法使用多头注意力机制完成对输入信息 embedding 的特征提取（该编码单元包括多注意力机制、残差网络以及前馈网络），得到更高层的关于每个字符的语义表示，在局部推理阶段，其结构保持不变，进而实现句子级别的注意力对齐。在推理合成阶段，同样使用多头注意力机制算法，从而更加高效地保留了高层语义特征，最后经过平均池化和最大池化，进行自然语言的推理。

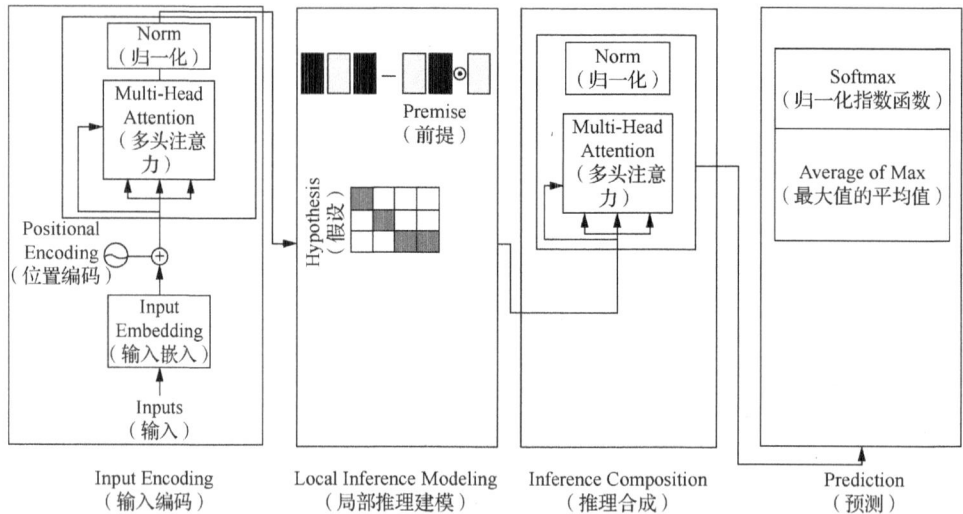

图 2.13　MESIM 模型架构

1. 输入层

在词嵌入的过程中，放弃了之前 ESIM 引入预训练的 Word2vec 词向量模型的思路，而是使用 Transform 的 self attention 结构进行 embedding[47]。短文本的匹配中，其位置信息往往会对实验结果造成很大的影响。为了解决这个问题，在 embedding 中为每个输入单词的词向量嵌入了一个新的向量——位置编码（positional encoding）。这样在之后的注意力计算中就有了距离的信息，编码细节如图 2.14 所示。

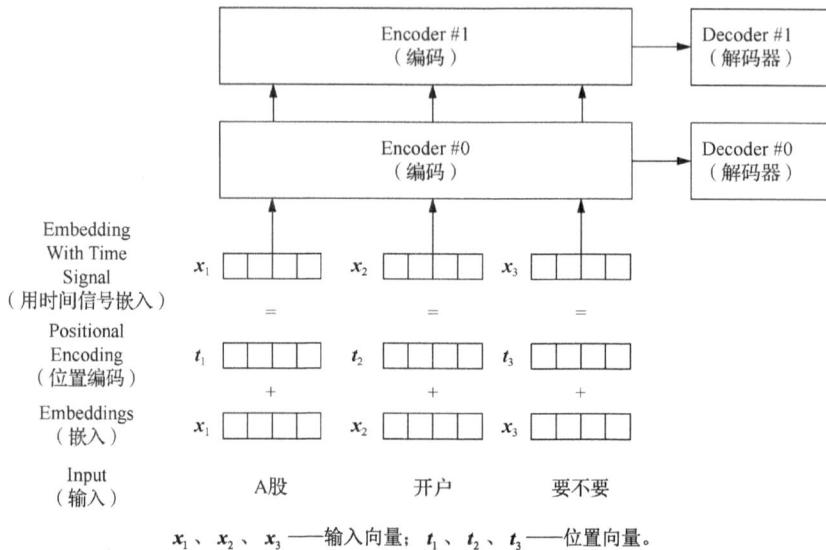

x_1、x_2、x_3——输入向量；t_1、t_2、t_3——位置向量。

图 2.14　MESIM 的 embedding

在进行 embedding 后，得到了基于字的每个单词的词向量，对于每个字使用一个 300 维的向量来表示，为了保持对齐，在之后的注意力计算中的隐藏层单元中也设置为 300。

2.　建模层

图 2.15 展示了 Transformer 单元，Transformer 单元的核心是多头注意力机制。多头注意力机制的优势在本书中已做详尽描述。在此之外的全连接层（feed forward）是为了增加编码信息的非线性表示能力。层次归一化和其中的加法操作原理和 ResNet 类似，都是为了防止网络过深导致梯度消失或者梯度爆炸。

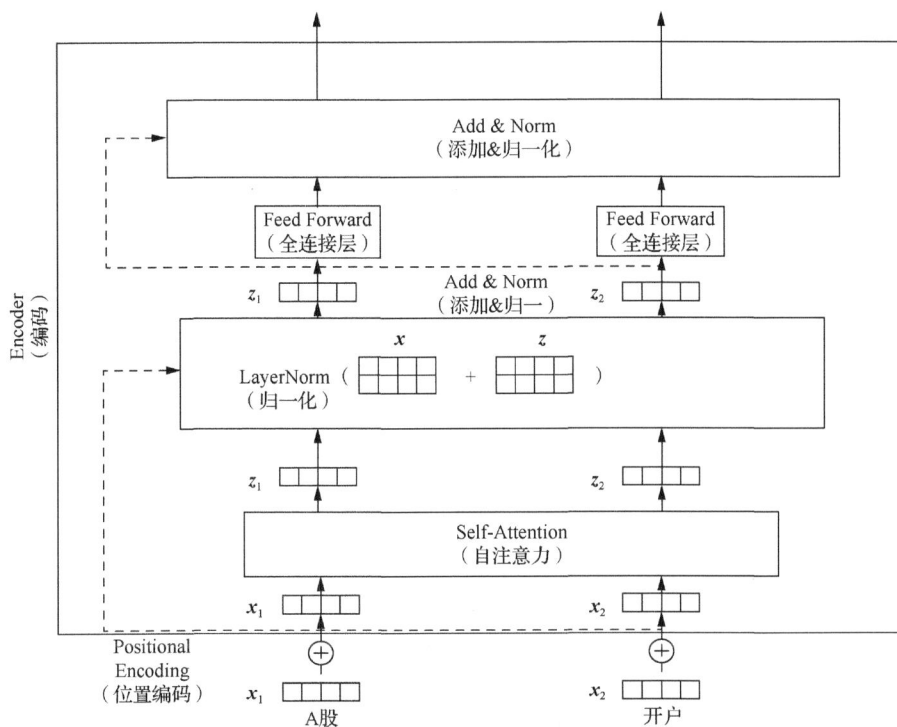

x_1——A 股的词向量；　x_2——开户的词向量；　z_1、z_2——经过自注意力机制后的向量；　x、z——要进行拼接的向量。

图 2.15　MESIM 的多头注意力机制

Transformer 单元实现了单词之间的注意力，同时相比于 LSTM 更加有效地解决了远距离对齐问题，多头注意力机制在基本点乘的基础上多了一个缩放因子（scale）。

$$\text{Attention}(\boldsymbol{Q}, \boldsymbol{K}, \boldsymbol{V}) = \text{Softmax}\left(\frac{\boldsymbol{Q}\boldsymbol{K}^{\text{T}}}{\sqrt{d_k}}\right)\boldsymbol{V} \tag{2-36}$$

设计 5 头注意力机制，与 300 个的隐藏单元（hidden units），所以式（2-36）中基于 encoder 词向量生成的矩阵 $\boldsymbol{Q}/\boldsymbol{K}/\boldsymbol{V}$ 的维度为 60，即 d_k=60。输入维度 60 的 queries 和 keys，和 60 维度的 values。计算 query 和所有 keys 的点积，分别除以 $\sqrt{d_k}$（约 7.74）（这个操作就是 scaled）。

之后利用一个 Softmax 函数来获取 Values 的权重。实际操作中，Attention 函数是在一些列问句（queries）上同时进行的，将这些 queries 并在一起形成一个矩阵 $\boldsymbol{Q}$，同时 keys 和 values 也并在一起得到矩阵 $\boldsymbol{K}$ 和 $\boldsymbol{V}$。

多头注意力机制的结构如图 2.16 所示，将学习得出的线性映射分别映射在 d_q、d_k 和 d_v 维。然后，对每次映射后生成的查询、键和值执行 Attention 函数的并行操作，生成输出值，最后把这些多注意力头的输出拼接起来作为最终值。

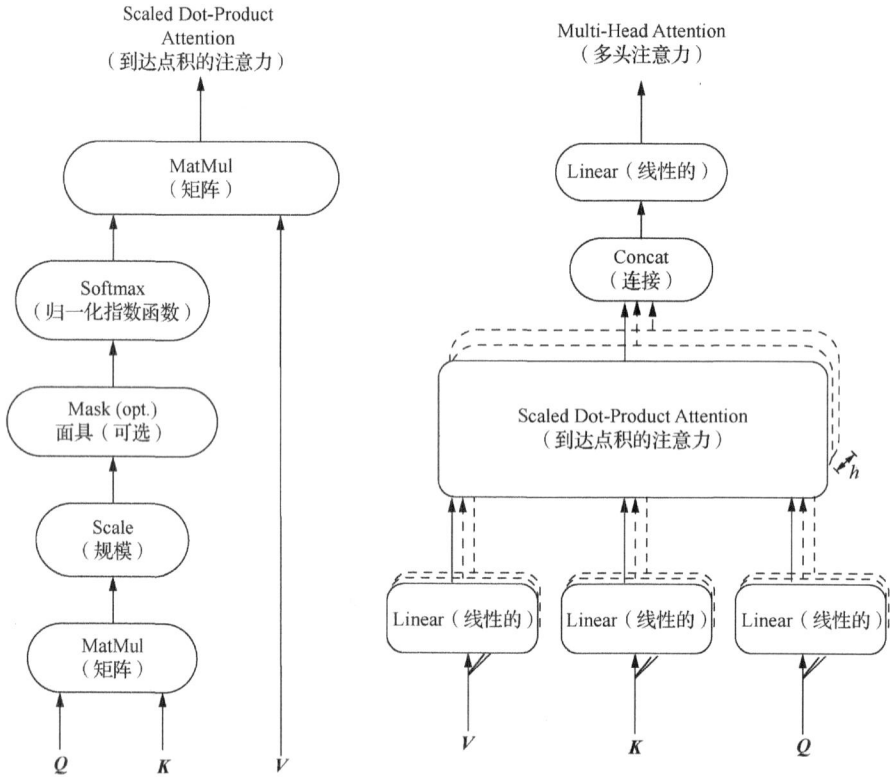

图 2.16　多头注意力机制的结构

以上环节相当于完成了一个 embedding 过程，使用 EMIS 的推理机制完成对问题和答案编码序列的匹配计算。为了计算句对"中国的首都在哪儿？""中国的首都是北京。"之间的匹配度，使用词向量点乘的方式来得到一个二维的相似度矩阵。

$$e_{ij} = a_i^{\mathrm{T}} b_j \tag{2-37}$$

然后，计算句子的局部推断：

$$\sum_{j=1}^{l_b} \frac{\exp(e_{ij})}{\sum_{k=1}^{l_b} \exp(e_{kj})} a_i \nabla i \in [1, \cdots, l_a] \tag{2-38}$$

$$\sum_{j=1}^{l_a} \frac{\exp(e_{ij})}{\sum_{k=1}^{l_a} \exp(e_{kj})} a_i \nabla j \in [1, \cdots, l_b] \tag{2-39}$$

这实际上就是利用两个句子的组成单词来生成相似度矩阵对应的加权矩阵，然后用其中一个句子的全部组成单词与相似度加权的累加表示另一个句子的某个单词，权值的计算实际上是一个 Softmax 过程，从而进一步加强局部推理信息：

$$m_a = [\overline{a}; \dot{a}, \overline{a} - \dot{a}; \overline{a} \times \dot{a}] \tag{2-40}$$

$$m_b = [\overline{b}; \dot{b}, \overline{b} - \dot{b}; \overline{b} \times \dot{b}] \tag{2-41}$$

通过式（2-40）、式（2-41）进行计算，以便明确辨别局部推理信息，从而得到类似于"是""不是"这样的对立关系。

由式（2-40）和式（2-41）得到了问题与答案的相互作用信息，再并入问题与答案本身的编码信息得到问题和答案的特征矩阵。在这里，继续使用 Transformer 的编码层作为特征提取器，将合并的特征矩阵进一步整合，使得其编码信息可以和注意力信息以及推理信息进行交互。

3. 输出层

建模层对每个输入问句和答案的编码矩阵的相互关系进行了建模，并通过多头注意力机制将各个信息整合到一起。最终得到了每个句子和答案的特征。对特征的输出层，分别求得问题和答案特征矩阵的均值和最大值来代表每个问题和答案。将其拼接为一个整体的向量，再通过全连接网络进行分类。

2.4.3 模型训练流程

1. 数据预处理

数据预处理部分和 BERT 模型的数据预处理略有差别。首先，需要读入所有的问题和答案的文本信息，并以此文本信息来构建词汇表，词汇表是所有文本中出现的单词的集合。通过对词汇表构建索引，可以将每条文本数据数值化表示出来。

索引表如表 2.7 所示。通过索引表可以将如"Where is the capital China"数值化表示为"$1,2,\cdots,n$"。索引表的大小就是所有文本中词汇量的多少。

表 2.7 索引表

单词	索引	单词	索引
Where	1	$\vdots$	$\vdots$
is	2	China	n
the	3		

注意，在模型输入前，还需要对每条信息按最大文本长度进行补零。具体来说，就是在数据不足最大文本长度时，用零来补充，使得序列可以达到最大文本长度。当然，在数据超过最大文本长度时，直接截取最大文本长度前的所有数据，舍弃掉之后的数据。

以上数据预处理操作得到了每个文本信息的数值化表示，将数值化的索引输入到 MESIM 模型中，MESIM 从随机初始化的词嵌入表中按索引取得每个单词的初始化向量。经过这一步，每个文本都被转换为固定大小的矩阵。这里使用 PyTorch 框架提供的 nn.Embedding 函数来实现，然后将问题和答案的编码矩阵放入多头注意力模块中，多头注意力模块使用 PyTorch 框架提供的 nn.MultiheadAttention 函数实现。

通过多头注意力模块编码后的问题和答案矩阵经过相互点积来获得注意力关系。点积是一种向量运算，也称为内积或数量积。给定两个向量，点积可以通过将它们的对应元素相乘，然后将这些乘积相加得到。通过问题与答案的矩阵进行点积运算，得到问题的注意力系数矩阵和答案的注意力系数矩阵，并以此矩阵与原有的编码矩阵进行相减、相除，以得到更多的交互信息，最终将以上信息使用 encoder 模块进行整合。

2. 模型输出

MESIM 算法使用 Transformer 的 encoder 对问题和答案的交互信息进行聚合，得到关于问题和答案的特征矩阵。在训练过程中，对该特征求最大值和均值，分别得到问题和答案的两个特征向量。将这 4 个向量进行拼接，得到最终的网络特征，并使用全连接网络转换到两个节点上去，分别代表匹配与不匹配，并进行误差计算，从而指导网络反向传播。

3. 模型验证

模型的验证与 BERT 模型大体相同，传统的 embedding 类（如前面提到的 Word2vec）的做法是使用大量的文本信息预训练一个词嵌入模型，而这个词嵌入模型可以广泛地应用于各种 NLP 任务。但是，这种做法存在一个很明显的问题，因为直接用到的是训练好的模型，所以每个词只存在一个固定的矢量化形式，与上下文无关。

在 BERT 算法训练中可以避免这样的问题，使用 BERT 来进行训练的过程中，虽然 BERT 也如 Word2vec 一样提供了基础的词向量，但与此同时还附带了 BERT 预训练的模型架构和参数。预训练模型使用 Transformer 的 Self-Attention 作为基础编码单元，对单词进行向量化表示时，会同时考虑周围词对该单词的影响，这样有效解决了前面提到的语境问题。

4. 结果评估

与 BERT 的训练指标一致，在 MESIM 算法的训练过程中也对最大文本长度、学习率、迭代次数、丢包率等参数进行了调整。在不同参数下，使用精准度、召回率、F_1 分值、准确率来评估 MESIM 网络训练的指标。

在 TREC QA 数据集进行了验证，得到的实验结果见表 2.8。其中黑色加粗为最好结果。

表 2.8　TREC QA 数据集实验结果

最大文本长度	学习率	迭代次数	丢包率/%	精准度		召回率		F_1 分值		准确率
				相似	不相似	相似	不相似	相似	不相似	
32	1×10^{-4}	10	0.1	0.90	0.86	0.88	0.90	0.89	0.88	0.89
32	5×10^{-5}	10	0.2	0.90	0.85	0.89	0.90	0.89	0.87	0.89
32	5×10^{-5}	20	0.3	0.90	0.87	0.90	0.89	0.90	0.89	0.89
64	1×10^{-4}	10	0.1	0.89	0.88	0.89	0.88	0.89	0.89	0.89

续表

最大文本长度	学习率	迭代次数	丢包率/%	精准度		召回率		F_1 分值		准确率
				相似	不相似	相似	不相似	相似	不相似	
64	**5×10^{-5}**	**10**	**0.2**	**0.92**	**0.91**	**0.92**	**0.91**	**0.92**	**0.91**	**0.92**
64	5×10^{-5}	20	0.3	0.91	0.90	0.92	0.91	0.92	0.91	0.91
128	1×10^{-4}	10	0.1	0.90	0.91	0.91	0.91	0.91	0.90	0.90
128	5×10^{-5}	10	0.2	0.91	0.90	0.89	0.91	0.91	0.90	0.90
128	5×10^{-5}	20	0.3	0.90	0.91	0.90	0.90	0.91	0.90	0.91

　　与 BERT 类似,在最大文本长度为 64 时,模型效果都表现最佳,这是因为 BERT 也是基于 Transformer 结构的。最终实验的参数为:64 的最大文本长度,5×10^{-5} 的学习率,10 轮的迭代次数以及 0.2%的丢包率。

　　MESIM 算法对 Wiki QA 数据集上的表现进行了验证,得到的结果见表 2.9。

表 2.9　Wiki QA 数据集实验结果

最大文本长度	学习率	迭代次数	丢包率/%	精准度		召回率		F_1 分值		准确率
				匹配	不匹配	匹配	不匹配	匹配	不匹配	
32	1×10^{-4}	10	0.1	0.82	0.69	0.79	0.81	0.80	0.81	0.80
32	5×10^{-5}	10	0.2	0.83	0.82	0.81	0.79	0.80	0.82	0.81
32	5×10^{-5}	20	0.3	0.84	0.83	0.81	0.83	0.82	0.83	0.82
64	1×10^{-4}	10	0.1	0.80	0.82	0.83	0.82	0.80	0.79	0.82
64	5×10^{-5}	10	0.2	0.82	0.84	0.83	0.80	0.82	0.81	0.82
64	**5×10^{-5}**	**20**	**0.3**	**0.87**	**0.86**	**0.86**	**0.86**	**0.86**	**0.87**	**0.87**
128	1×10^{-4}	10	0.1	0.85	0.84	0.82	0.81	0.84	0.82	0.83
128	5×10^{-5}	10	0.2	0.82	0.84	0.83	0.82	0.82	0.82	0.83
128	5×10^{-5}	20	0.3	0.83	0.83	0.84	0.83	0.82	0.83	0.83

　　在 Wiki QA 上,MESIM 模型同样在最大文本长度为 64、学习率为 5×10^{-5}、迭代次数为 20、丢包率为 0.3%时表现最佳。

　　对其他模型的对比实验分析,将 MESIM 模型的指标加入其中,得到的实验结果见表 2.10。

表 2.10　TREC QA 和 Wiki QA 数据集实验结果

模型	TREC QA			Wiki QA		
	准确率	召回率	F_1 分值	准确率	召回率	F_1 分值
CNN	0.88	0.87	0.87	0.80	0.79	0.80
LSTM	0.90	0.88	0.89	0.81	0.81	0.81
Transformer	0.91	0.89	0.90	0.82	0.83	0.82
ESIM	0.91	0.91	0.91	0.83	0.85	0.85
MESIM	0.93	0.91	0.92	0.85	0.89	0.87
BERT	0.94	0.93	0.93	0.86	0.89	0.88

从实验结果可以看出，BERT 取得的效果相对较好，但是正如前面所提到的，一个好的问答系统不能依靠单独的准确率及 F_1 分值来判断，还需要考虑运行效率等各方面的因素。使用以上 3 种网络进行推断，所需的推理时间见表 2.11。

表 2.11　算法性能

模型	推理时间/s
BERT	10.1
MESIM	0.2

从表 2.10 和表 2.11 综合来看，BERT 的推理时间要比 MESIM 长 10s 左右，准确率方面比 MESIM 高 1 个百分点。相对来说，MESIM 更适合问答系统，0.2s 的推理时间既符合客户体验，又提供了比较高的准确率。

2.5　基于信息检索和答案选择混合问答系统

前几节从不同方面介绍了答案选择方法，包括数据集、深度学习模型、答案选择模型以及文本相似度计算模型。本节在前几节模型的基础上，构建基于信息检索和答案选择的问答系统。特色农产品多语言电子商务平台中最终呈现给用户的是一个开放域自动问答系统，其具体的目标主要参考了国际文本检索会议中 QA 测评[48]原则。

2.5.1　QA 评测原则

1）使用者能够使用自然语言提出问题。使用者提出的问题是自然语言，与人和人之间的谈话类似。尽管这种问答系统更符合用户习惯，而且系统更加便捷，易于操作，但是实现这样的系统也需要很长的过程。

2）开放区域。开放域问答系统的领域范围没有限制，使用者能够提出各种各样的问题。因为开放域问答系统需要解决的问题不受太大的局限，面临的情况也比较复杂，所以很难实现。然而，开放域的困难正是网络用户经常接触和需要处理的问题。因此，开放域问答系统被看作是现有互联网信息检索技术的一个主要发展方向，也有它存在的独特价值。

3）面向用户的真问题。在过去，评委人为地构建了问题。这个问题的语法还算标准。表达出来的目的相对清晰，问题解决起来也较为容易，但是使用者所提出的问题是有意让其他用户回答的。它的语法比较口语化，语法结构不严谨，这就需要很强的处理问题的能力，即便语法不规范，也可以有效处理。

4）覆盖率很高。由于所有的问题都应予以回答，因为这些问题源于实际用户，问题的内容和句法都是不可预知的，因此需要较高的覆盖率以应对各种复杂情况。这对系统来说也是适应的过程。

5）返回简单精准的答案。为对象提供准确的答案，无须使用者对大量文档进行二次筛选，查询效率提升，使用者的压力减少，从而节省时间。

2.5.2　混合式问答设计思路

检索式的问题系统是对信息检索技术和答案选择算法的融合,通过信息检索技术提供一个粗筛选,从大量的答案库中提取出前 N 条与问题具有一定关联性的答案,然后使用基于深度神经网络的答案选择算法对问题和这 N 条答案进行匹配度计算,通过对匹配分值的阈值判断,来确定最终返回答案,混合式问答系统的整体流程如图 2.17 所示。

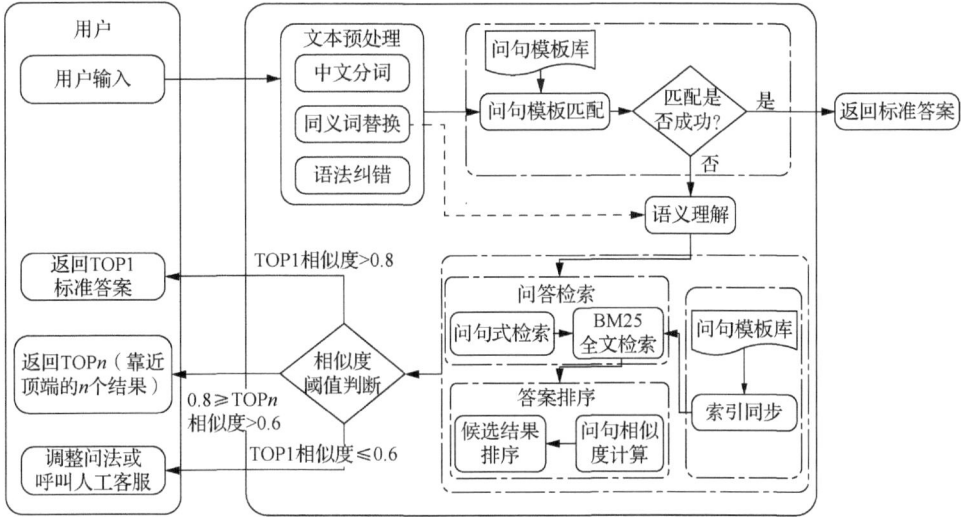

图 2.17　混合式问答系统的整体流程

用户输入问题后,系统会对用户输入的语句进行预处理,其中包括中文分词、同义词替换、语法纠错。

预处理结束后,该模块将处理好的内容与问句模板库的问句模板进行匹配。若匹配成功,则直接将标准答案作为输出返回给用户;若匹配失败,则需要进一步做语义理解,并对语义理解后的内容进行问答检索。

在问答检索时,需要先根据答案库的内容进行索引同步,然后使用 BM25 算法对同步出来的索引文本计算关联性得分。通过该得分可以筛选出前 N 条与问题相关的答案。

使用基于深度神经网络的答案选择算法[49]与这 N 条答案计算相似度,并按相似度从高到低的顺序进行候选结果排序。

之后,进行相似度阈值判断:若 TOP1 相似度>0.8,则返回 TOP1 标准答案给用户;若 0.6<TOPn 相似度≤0.8,则返回候选问题的 TOPn;若 TOP1 相似度≤0.6,则提示用户调整问法或呼叫人工客服。

2.5.3　详细设计流程

1. 文本预处理模块

本书使用了"结巴分词"作为中文分词组件,其功能是将汉字序列切分成独立的词,方便后面的处理。中文分词(Chinese word segmentation)的功能是通过特定的规范,将连续的字符序列重新排列成词序列。目前 Python 支持中文分词组件，包含 4 种模式：①精确模式，可以准确地切分句子，用于文本分析；②全模式，将句子中所有能转化成单词的单词都扫描出来，速度很快，但在处理歧义方面还不够完善；③搜索引擎模式，以第一个模式作为基础，将长单词再次分割，提高召回率，多用在搜索引擎分词；④飞桨（paddle）模式，采用 paddle 深度学习框架对序列注释模型进行训练，从而实现分词和词性标注。

以"我去过西北民族大学和兰州大学为例"，前 3 种模式的用法和切词结果如下所示。

（1）3 种模式的用法

精确模式: seg_list = jieba.cut（"我去过西北民族大学和兰州大学。"）

全模式: seg_list = jieba.cut（"我去过西北民族大学和兰州大学。", cut_all=True）

搜索引擎模式: seg_list = jieba.cut_for_search（"我去过西北民族大学和兰州大学。"）

（2）3 种模式的切词结果

精确模式: 我/ 去过/ 西北民族大学/ 和/ 兰州大学/ 。

全模式: 我/ 去过/ 西北/ 民族/ 华大/ 大学/ 和/ 北京/ 北京大学/ 大学/ /

搜索引擎模式: 我/ 去过/ 西北/ 民族/ 大学/ 西北民族大学/ 和/ 兰州/ 大学/ 兰州大学/

经过分词处理之后，再进行同义词替换。同义词词库来自本地同义词库以及同义词语林。语法纠错部分，调用 StanfordNLP（Python 自然语言分析包）来完成该功能。SnowNLP 是一个 Python 编写的类库，用于中文文本处理。它主要包含以下功能：中文分词、词性标注、情感分析（简单分析，如评价信息）、文本分类、转换成拼音（Trie 树实现的最大匹配）、繁简转换（Trie 树实现的最大匹配）、文本关键词和文本摘要提取（TextRank 算法）、计算文档词频和逆向文档频率、Tokenization（分割成句子）、文本相似度计算（BM25）。

2. BM25 全文检索模块

在此模块中，需要将输入数据与答案库的全部数据进行全文检索。BM25 算法为用户的输入信息与每个知识库答案的信息计算一个相似度分值，再排序后取靠前的一小部分数据进行最后的"相似度"判断。依赖于 BM25 算法的高效性，可以在后续的"相似度算法"上增加更多的参数与构想以提高准确率。

举例来讲：输入"A 股开户是否收费"时，使用 BM25 算法可以从百万条的答案数据库中挑选出 200 条存在"A 股""开户"等关键信息的答案。BM25 算法使得后续的基于深度神经网络的答案选择模块不需要在毫无联系的答案上浪费太多的计算量。真正参与答案的就是输入信息与这 200 条初筛的答案，这极大地减少了计算时间。

3. 答案选择模块

在信息检索的基础上，可以得到 200 条与输入问题相关的知识库答案，通过答案选择模块计算问题和这 200 条知识库答案的匹配度。答案选择模块基于深度学习神经网络，使得相似度的计算包含了单词间和句子间的语义相关性，较检索出来的结果更具有准确性。

　　在答案选择任务中，提供问题和候选答案列表，问题的答案需要用户选择最合适的文本。现有的成果很多是在神经网络的基础上得出的，即引入词嵌入向量来表示问答句，然后通过不同的匹配方法得出一个分数，利用数据内答案（正确或错误）的标签，通过监督学习更新神经网络，使其具有广义答案选择的能力。在答题选择任务中，问答语义的匹配，也有不同的方法，主流的方法居多，可以分为两种方法。

　　第一种方法是通过句子建模生成问答句的句子向量，通过对偶网络对两个句子的相似度进行评分。成对网络是两个句子通过相同结构、权重共享的网络。通过孪生网络生成两个向量，然后通过余弦相似度度量比较向量之间的距离。这种工作是在如何设计双网络上进行的，即如何构造更好的句子向量。例如，通过 Word2vec 初始化词向量并通过多层感知机来搭建向量，或者利用更加强大的 LSTM 和 CNN 等建模，生成句子向量，还可以将两者进行结合，从而更好地表达句子的语义信息。该方法简单，重点关注怎样更好地构造句子向量，利用 CNN 和 LSTM 等的不同特征从句子中提取信息，但是这种先建立句子向量模型的方法会丢失句子之间的信息，单词和局部语义信息的丢失会让两个句子的信息不足，并且两个句子的语义匹配程度会受到句子向量模型构建质量的限制。

　　第二种方法是在没有句子向量建模的条件下，两个句子比较语义信息与匹配，最后根据内部对齐函数来判断相对应的句子数。该方法一般称为 Compare-Aggregate 或者 Marching-Aggregation 框架，这个框架最初由 Parikh（帕里克）等提出，框架整体可以分为 4 个部分，分别是表示层、比较层、融合层及最后的输出层。重点部分是比较层和融合层。比较层主要对于问题和答案两个句子间的语义单元（向量）逐项进行比较，借助注意力机制来得到每一个语义向量在对应句子的语义分布，利用权重分布在对应句子上的加权来得到每个语义向量的注意力向量，然后将两个向量通过一个设计的比较方法，得到一个向量。融合层对比较层生成的携带语义对齐信息的特征向量进行融合，一般会通过卷积神经网络或者循环神经网络来进行序列的建模，通过语义对齐特征的序列信息来判断两个句子的语义匹配程度，最终通过输出层输出一个分数。

　　目前的答案选择任务，大部分是利用问题和答案间的语义信息进行匹配和对齐的方式实现的，计算答题时问题中每个词的语义匹配度和反问句中每个词的语义匹配度来测量响应的正确性。

2.5.4　混合式问答实验结果

　　使用 TREC QA 中 20%的测试数据集中同义的数据集对基于信息检索和重排序的融合模型进行验证。使用 R@1、R@3、R@5、R@10 作为评估指标，分别表示重排序中的 TOP1 中是否包含正确答案，TOP3 中是否包含正确答案，TOP5 中是否包含正确答案，TOP10 中是否包含正确答案。融合模型实验结果见表 2.12。

表 2.12　融合模型实验结果

模型	R@1	R@3	R@5	R@10
BM25+ESIM	0.65	0.71	0.81	0.91
BM25+BERT	0.70	0.78	0.89	0.97
BM25+MESIM	0.69	0.76	0.88	0.95

从实验结果可以看出，使用 BERT 的迁移学习机制确实给检索式问答系统带来了较高的准确率的提升。但是，反观响应效率来看，使用 BERT 会带来超大计算量，使得问答系统的耗时增加了数倍，用户体验较差。本研究提出的 MESIM 算法在保证一定准确率的前提下，推理速度与传统 ESIM 相当，让其在 CPU 环境下也能支持一定规模的访问，减少了服务器的压力，从问答系统用户的体验角度来看，MESIM 更适合此系统的构建。

相较于算法的评估指标，使用人工对问答系统进行评估会更为准确。在对问答系统的答案选择方法进行研究的过程中，从数据集中随机挑选出上千条的客户问题，以及本问答系统不同答案选择方法给出的答案，由 5 人组成的人工测评组进行评测。通过人工测评组对不同问题与不同答案选择方法给出的答案进行对比，来判断算法的优劣，如果测评组认为两个答案都可以接受，则为"Tie"。实验最终得到的结果如表 2.13 所示。

表 2.13　人工评价结果

模型	优胜率/%	失败率/%	Tie/%	Kappa
BERT vs ESIM	24.5	9.1	66.4	0.39
MESIM vs ESIM	26.1	14.1	59.8	0.36
MESIM vs BERT	17.5	17.7	64.8	0.34

从表 2.13 中可以看出，与 ESIM 相比，BERT 和 MESIM 都取得了更好的优胜率，分别是 24.5%和 26.1%，但是相较于 BERT，MESIM 的失败率较高。从 MESIM 和 BERT 的对比结果可以看出，MESIM 和 BERT 的优胜率和失败率相差不大，约 0.2 个百分点。这从人工评价的角度说明了 MESIM 和 BERT 具有差不多的效果，而 MESIM 只需较少的计算资源就可以完成算法的推理，相比较来说，MESIM 更适合此问答系统算法模型。

第 3 章　产品竞争力分析系统

产品竞争力分析是智能推荐系统的核心技术。特色农产品多语言电子商务平台的产品竞争力分析从特色农产品的商品属性角度出发，首先，通过网络爬虫抓取特色农产品相关数据，根据特色农产品信息库中的产品分类，即休闲食品、饼干糕点、生鲜果蔬、粮油干货、茶水饮料、传统滋补、中外名酒，分别建立不同的数据库调用模块。然后，采用主成分因子分析法构建特色农产品竞争力分析模型，完成产品支持度因子、价格因子、服务因子、评价因子的竞争力分析，以及综合因子竞争力分析逻辑，分析产品在特色农产品电子商务平台中的竞争力。最后，运用 Python 程序语言的 Django 开发框架技术，完成数据存储层、业务逻辑层和表现层的设计，实现特色农产品电子商务平台的竞争力分析系统。

3.1　数据采集

使用 Python 程序语言编写的网络爬虫程序，以及 Scrapy 爬虫框架技术[50]和深度优先爬取策略，对特色农产品数据进行采集。网络爬虫框架如图 3.1 所示。

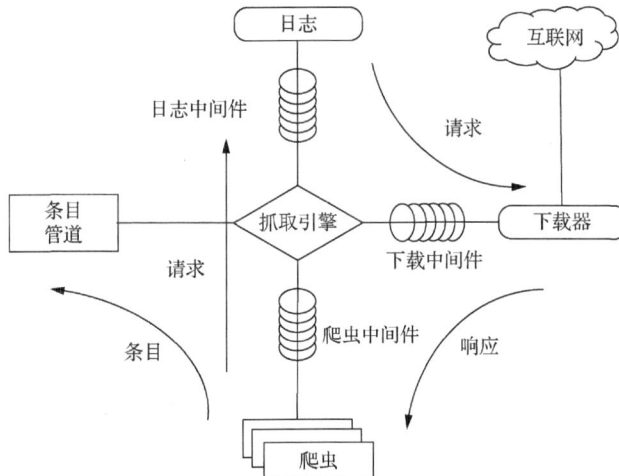

图 3.1　网络爬虫框架

1）以统一资源定位系统（uniform resource locator，URL）地址作为访问入口，调度器（scheduler）读取 URL 列表并发送请求（request），使用下载中间件（downloader middleware）将地址传递给下载器（downloader）进行处理。

2）通过下载中间件将网页响应内容（网页源码）Request 传递给爬虫。

3）爬虫对响应内容进行解析，解析结果分两种情况：一是解析出需要进一步抓取的 URL 地址，这些地址经过 Scrapy 引擎传递给调度器；二是解析出需要保存的数据，数据使用 Items 进行保存，并传输到条目管道（item pipeline）。

4）爬取的数据在条目管道中进行进一步处理，并完成数据库的存储。

特色农产品网络爬虫程序，首先采集农产品的分类信息，然后对采集到的网页源码进行解析，将其中的标签信息构建爬虫 URL 列表，并且进入商品详情页对商品价格、商品销量、商铺信誉、产品人气数、用户评价、是否包邮等各项农产品数据进行爬取，最后对采集到的内容进行解析，存储到文档。

特色农产品网络爬虫程序采集到的原始数据的部分信息见表 3.1。

表 3.1　采集的原始数据部分信息

商品名称	商品价格	商品销量	商铺信誉	产品人气数	用户评价			是否包邮
					好评	中评	差评	
宁夏枸杞子 新货特级纯枸杞子 中宁枸杞 天然免洗野生枸杞 500g	58.00	2446	21540	1594	2620	18	4	包邮
窝红枣片 150g	18.00	1046	1255195	1344	4034	0	1	包邮
龙牙 百合 200g	56.00	677	1255195	1131	1982	0	0	快递费 20.00
龙眼肉/桂圆 100 克	22.00	709	1255195	1411	2833	0	0	快递费 30.00
阿胶糕 即食山东东阿 ejiao 阿胶糕手工阿胶糕片 216g	89.00	565	2110426	1156	3594	4	0	包邮
蔓越莓奶油糕 很香很好吃 天然动物奶油容易融化 快点吃	18.80	457	1850060	1715	1124	2	0	包邮
阿胶雪莲膏 女人阿胶膏方 即食补新固元膏 非阿胶糕固元膏 250g	269.00	397	2110427	1405	2666	2	1	快递费 9.00
殷宜燕的窝 茯苓 白茯苓块 新货茯苓丁 野生茯苓片 250g	20.00	245	1255200	549	1501	0	0	快递费 5.00
土色麦冬 100g	25.00	228	1255203	726	2250	0	0	包邮
茶农直销新茶 野生毛冬青茶 500g 东青大叶苦丁茶片云南 满 2 件包邮	9.90	356	28587	537	625	0	1	包邮
野生葛花茶 正品葛花 葛根茶 葛根花 葛藤花解酒茶 醒酒茶 全国包邮	45.00	209	188788	593	653	1	0	包邮
两份包邮特级虫草花正品 金虫草 北虫草 花蛹虫草 孢子头 200 克	36.80	233	663140	503	1029	3	1	快递费 6.00
冬虫夏草（C 款）虫草 每克 4 条 5g	1100.00	98	1255217	279	701	0	1	快递费 15.00
【11 月新采】野桂花蜜 天然农家自产土蜂蜜 成熟结晶冬蜜 500g	56.00	158	67240	1336	86	0	0	快递费 5.00
四川百花蜜 中蜂高山森林土蜂蜜 老巢蜂蜜原蜜 500g	96.00	229	173491	1065	640	1	0	快递费 40.00

3.2　数据预处理

采集的数据存在空缺、不一致、含噪声等问题，需要对数据进行预处理。特色农产品多语言电子商务平台采集到的商品信息品类烦杂、数量庞大，因此对数据处理的要求非常严格。常见的数据预处理包括数据清洗、数据集成、数据变换等方法。特色农产品多语言电子商务平台采用数据清洗和数据变换对采集到的一手数据进行预处理，下面进行介绍。

3.2.1　数据清洗

数据清洗是对采集的农产品数据审核和校验的过程，主要包括删除重复的数据，纠正数据中的错误，保证数据的一致性。对农产品数据中的异常数据、明显错误数据、冗余数据进行删除或人工修正，同时对采集的数据中的缺失数据进行修正补充。

特色农产品网络爬虫程序[51]采集的数据包括休闲食品、饼干糕点、生鲜果蔬、粮油干货、茶水饮料、传统滋补、中外名酒七大分类。在商品详情页抓取的信息包含商品价格、商品销量、商铺信誉、产品人气数、用户评价、是否包邮 6 项数据指标。为了保证数据的一致性，删除销量为 0 的数据记录，同时对采集的数据中存在的异常或缺失的部分，通过人工手动的方式在产品详情页面进行验证，然后进行修正补充。

3.2.2　数据变换

使用数据变换将农产品信息数据进行归一化处理，将数据进行定量化处理。由于是否包邮数据难以量化，因此对数据进行变换（1 表示包邮，0 表示不包邮）。用户评价采集到的数据包括好评、中评、差评，将数据变换为好评率。

1）是否包邮，值为 1 或 0。
2）好评率=好评数/（好评数+中评数+差评数）。

3.3　数据存储

将数据存储到 MySQL 关系数据库中，方便对数据进行操作和管理[52]，同时方便后期产品竞争力分析系统程序对数据库的访问与查询。使用 SQL 命令创建数据库 commodity，根据采集信息的分类分别建立 7 张表，对农产品数据进行存储，分别为休闲食品（lei_goods）、饼干糕点（co_goods）、生鲜果蔬（fre_goods）、粮油干货（dry_goods）、茶水饮料（dri_goods）、传统滋补（tradi_goods）、中外名酒（wine_goods），其信息数据库表结构见表 3.2。

表 3.2　特色农产品信息数据库表结构

字段	声明	说明
Id	Int primary key auto_increment	商品编号
Category	Varchar（10）	商品类别
Name	Varchar（50）	商品名称
Time	date	数据采集时间
Price	Float	商品价格
Sales	Int	商品销量
Evaluation	Float	用户评价
Transport	Tinyint	是否包邮
Credit	Int	商铺信誉
Popularity	Int	产品人气数

3.4　主成分因子分析法

使用 SPSS 统计分析工具，分析特色农产品的各属性对产品竞争力大小的影响程度，用产品竞争力指数作为竞争力大小的衡量指标，对特色农产品电子商务平台的产品竞争力进行综合评价。通过使用主成分因子分析法的结果参数，建立特色农产品电子商务产品竞争力分析模型。

主成分因子分析法是通过分析研究所获取样本的变量（称为原始变量）的相关系数矩阵，将变量进行转化，得到公共因子，用来描述原始变量的信息。具体而言，运用主成分因子分析法进行特色农产品竞争力分析的表现如下。

1）采用主成分因子分析法对特色农产品竞争力影响[53]因素进行分析，既可以克服原始变量间的共线性，又避免了主观分析问题。通过对原始变量进行标准化变换，运用主成分分析方法对变量进行变换，消除影响因素之间的相关性，客观地反映样本间的现实关系。

2）主成分因子分析法将用公共因子替代原始变量，用来描述样本信息。同时，公共因子之间的相关性大大减弱，可为进一步分析问题提供基础数据，而且可以量化测评结果的精确度和误差，深入分析特色农产品竞争力影响因素，从而做出有效的对策取向。

通过采集的特色农产品相关信息的原始数据，得到了商品价格、商品销量、商铺信誉、产品人气数、用户评价、是否包邮 6 项数据指标。这些数据指标之间可能存在相关性，运用主成分因子分析法对特色农产品竞争力进行分析，在尽可能不损失原始信息的情况下，减少变量的个数，既可以避免农产品信息数据的冗余，又消除了主观分析的局限性，客观地反映了产品竞争力和各数据变量之间的关系。

　　在研究实际问题的过程中，问题的变量之间可能存在一定的相关性，即变量所描述的信息可能存在重叠现象。为了解决变量间的相关性问题，就需要对变量进行转换，即用较少的变量来替代原有的变量，但必须保持原有变量的信息不损失或极少损失，因子分析法就是用来解决这一类问题的方法。

　　因子分析法是描述变量的一种降维方法。该方法通过数学分析变量之间的内部相关性，用少数的几个抽象变量来描述原始变量的全部或主要信息。这种抽象变量在因子分析中称为因子。其中，原始变量可以直接通过实验样本得到观测值，而抽象变量在实际问题中具有可解释性。例如，研究描述商场企业形象的问题中，消费者可以通过一系列的指标对企业的形象进行评价，但实际上真正影响消费者评价的是商场环境、服务质量和产品价格，其中商场环境和服务质量并不能通过样本数据直接测量得到，只能间接分析总结得出，分析这些主要因素，就可以对商场企业形象问题进行深入分析。

　　在因子分析法中，使用最为普遍的因子提取方法是主成分因子分析法。通过对样本原始变量进行标准化，使原始变量组变为一组不相关的因子变量。然后根据因子组对原始变量信息描述的完整程度，选取主成分因子。这样就实现了原始变量的降维操作，同时基本不损失原始变量的信息，具体特点如下。

　　1）原始变量之间有相关性，因子变量间不存在显著的相关性，方便对问题进行深层次的分析。

　　2）因子变量的个数必须少于原始变量的数目，因而能降低分析问题的复杂程度。

　　3）因子变量必须能描述原始变量的大部分信息，尽量减少原始信息的损失，提高分析问题的准确率。

　　4）因子变量必须具有可解释性，即因子变量能描述实际问题中的某一个方面。

　　考虑特色农产品电子商务平台的产品自身属性特点，在尽量不损失样本原始信息的前提下，采用主成分因子分析法，对实际问题中的多变量进行主成分因子分析，得到更少的变量，以降低问题分析和研究的难度。

　　特色农产品电子商务行业，相较于传统实体经济行业，具有自身独有的一些特点。就农产品本身来说，农产品受地域、气候影响较大，同时还具有季节性和产品的周期性。在电子商务模式中，产品在物流过程中还要考虑产品的易腐性、保鲜性以及配送距离的影响。因此，影响特色农产品电商平台的产品竞争力除传统的质量、价格、宣传力度、服务水平等一般因素外，农产品自身特点，产品的新鲜度、配送的速度也是影响产品竞争力的重要因素之一。

　　网民的上网习惯及消费行为调研数据结果显示：除了电子商务平台本身的安全性和支付方式外，影响网民的购物行为的商品属性主要有商品质量、商品价格、商品配送时效、商品品牌等因素。在特色农产品电子商务平台中主要表现为以下几点。

　　（1）质量特点

　　随着国内特色农产品电子商务市场竞争的逐渐加剧，加之目前缺乏有关农产品质量监控标准，电子商务市场上特色农产品的质量参差不齐等情况普遍存在。

（2）价格特点

农产品的季节性、生产的长周期、受气候影响等因素，都会导致供需不稳定，从而表现为特色农产品电子商务平台商品价格的不稳定。同时，因为农产品零售市场的竞争，所以农产品价格不稳定。

（3）物流特点

由于特色农产品受产地影响比较大，不同产地的特色农产品表现出很大差异，如宁夏的枸杞、江西的橙子、新疆的哈密瓜、甘肃兰州的百合、广西桂林的荔浦芋、新疆阿克苏的红富士及葡萄干等。由于农产品的产地因素影响，物流配送的距离会直接影响运送时间的长短，因此商品是否包邮和配送的时间是影响竞争力的一个重要因素。

（4）品牌特点

农产品由于自身特点导致其电子商务化程度较低，存在农产品生产碎片化、技术水平和专业性较低等问题，难以实现大规模生产。另外，特色农产品的品牌化程度较低，没有统一的行业标准规范，因此很难建立经营各种特色农产品的品牌形象。

在分析特色农产品电子商务平台产品竞争力影响因素的基础上，以商品类别、商品价格、商品销量、商铺信誉、产品人气数、用户评价，是否包邮等作为竞争力大小的影响因素，构建产品竞争力分析系统。

3.4.1 模型分析

设有 p 个原始变量（每一个特色农产品的观测数据的 p 个影响因素就是 p 个原始变量），每个原始变量包含商品竞争力 m 个方面，记作 $F_1,F_2,\cdots,F_m(m<p)$，称 m 个方面是 p 个原始变量的公共因子，m 公共因子不能解释的方面称为原始变量的特殊因子，记作 $\varepsilon_1,\varepsilon_2,\cdots,\varepsilon_p$。因子分析模型为

$$\begin{cases} x_1 = a_{11}F_1 + a_{12}F_2 + \cdots a_{1m}F_m + \varepsilon_1 \\ x_2 = a_{21}F_1 + a_{22}F_2 + \cdots a_{2m}F_m + \varepsilon_2 \\ \qquad\qquad\qquad\vdots \\ x_p = a_{p1}F_1 + a_{p2}F_2 + \cdots a_{pm}F_m + \varepsilon_p \end{cases} \tag{3-1}$$

式中，$a_{ij}(i=1,2,\cdots,p;j=1,2,\cdots,m)$ 为因子荷载，称为第 i 个变量在第 j 个公共因子上的载荷，即第 i 个变量能解释商品竞争力的第 j 个方面的程度。

设

$$X = \begin{bmatrix} x_1 \\ x_2 \\ \vdots \\ x_p \end{bmatrix}, A = \begin{bmatrix} a_{11} & a_{12} & \dots & a_{1m} \\ a_{21} & a_{22} & \dots & a_{2m} \\ \vdots & \vdots & & \vdots \\ a_{p1} & a_{p2} & \dots & a_{pm} \end{bmatrix}, F = \begin{bmatrix} F_1 \\ F_2 \\ \vdots \\ F_m \end{bmatrix}, \varepsilon = \begin{bmatrix} \varepsilon_1 \\ \varepsilon_2 \\ \vdots \\ \varepsilon_p \end{bmatrix}$$

则该模型的矩阵表达式为

$$X = AF + \varepsilon \tag{3-2}$$

且满足：

　1）公共因子必须小于原始数据中的影响因子。

　2）$\mathrm{Cov}(\boldsymbol{F},\boldsymbol{\varepsilon})=0$，即保证公共因子和特殊因子的相关性为 0。

　3）$\boldsymbol{D}(\boldsymbol{F})=\begin{bmatrix} 1 & & & 0 \\ & 1 & & \\ & & \ddots & \\ 0 & & & 1 \end{bmatrix}=\boldsymbol{I}_m$，即每个公共因子不相关，且方差为 1。

　4）$\boldsymbol{D}(\boldsymbol{\varepsilon})=\begin{bmatrix} \sigma_1^2 & & & 0 \\ & \sigma_2^2 & & \\ & & \ddots & \\ 0 & & & \sigma_p^2 \end{bmatrix}$，即各个特殊因子之间不相关，方差不要求相等。

3.4.2　过程分析

特色农产品多语言电子商务平台的产品竞争力分析过程如图 3.2 所示。

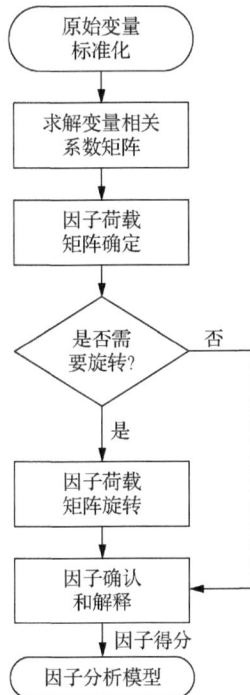

图 3.2　产品竞争力分析过程

　1）对原始变量进行标准化处理得到标准化矩阵 $\boldsymbol{X}$，由于原始变量中的各项数据度量不统一，为了降低分析难度，通过标准化处理转换成标准化矩阵，对数据进行统一计算。

　2）由标准化矩阵计算出相关系数矩阵 $\boldsymbol{R}$；令 $|\boldsymbol{R}-\lambda\boldsymbol{E}|=0$（$\lambda$ 是一个标量，$\boldsymbol{E}$ 是特征向量），计算出 $\boldsymbol{R}$ 的特征值、贡献率和累计贡献率，由特征值不小于 1 或方差累计贡献率不小于 85% 的原则确定公共因子的个数。

3）计算特征向量和初始因子荷载矩阵 A。

4）用回归法[①]估计因子得分，以各因子的方差贡献率占因子总方差贡献率的比重作为权重加权汇总，得到因子分析模型。

5）若因子意义不明显，则采用最大方差法[②]对初始因子进行正交旋转，得到旋转后的公共因子解 B。

6）根据各样本因子得分进行综合分析评价。

3.4.3　实证分析

使用 SPSS 工具提供的因子分析功能，将商品价格、商品销量、商铺信誉、产品人气数、用户评价、是否包邮 6 项数据指标作为原始变量，使用主成分因子分析法对原始变量进行转换，并计算因子荷载矩阵。由于第一次得到的公共因子可解释性不明显，因此使用最大方差法对荷载矩阵进行旋转。最后，使用回归法计算影响因子得分。

检验统计量 KMO（Kaiser-Meyer-Olkin）是用于比较变量间简单相关系数和偏相关系数的指标。KMO 统计量的取值为 0～1。当所有变量间的简单相关系数的平方和远大于偏相关系数的平方和时，KMO 值接近 1。KMO 值越接近 1，意味着变量间的相关性越强，原有变量越适合进行因子分析。当所有变量间的简单相关系数的平方和接近 0 时，KMO 值接近 0。KMO 值越接近 0，意味着变量间的相关性越弱，原有变量越不适合进行因子分析。常用的 KMO 度量标准如下：0.9 以上表示非常适合；0.8 表示适合；0.7 表示一般；0.6 表示不太适合；0.5 以下表示极不适合。

Bartlett（巴特利）球形检验的统计量是根据相关系数矩阵的行列式得到的，如果该统计量较大，且其对应的相关概率值小于用户心中的显著性水平，那么应该拒绝零假设，认为相关系数矩阵不可能是单位阵，即原始变量之间存在相关性，适合做主成分因子分析；相反，如果该统计量比较小，且其相对应的相关概率大于显著性水平，则不能拒绝零假设，认为相关系数矩阵可能是单位阵，不适合做主成分因子分析。

KMO 和 Bartlett 球形检验结果如表 3.3 所示。KMO 的值 0.609>0.6，说明变量间共同性较高；同时，Bartlett 球形检验显著性水平值小于 0.05，拒绝 Bartlett 球形检验的假设，因此认为采集到的特色农产品样本的原始数据适合进行因子分析。

表 3.3　KMO 和 Bartlett 球形检验结果

Kaiser-Meyer-Olkin 度量	Bartlett 球形检验	近似卡方	df	Sig.
0.609	0.034	114.642	15	0.000

由公因子方差分析（见表 3.4），产品人气数的方差提取比率为 0.547，其他变量基本维持在 0.7 以上，可知产品人气数的信息损失最大。

---

① 回归法：通常通过统计软件（如 SPSS、SAS 等）来完成。这些统计软件提供了内置的函数和程序来执行因子分析和估计因子得分。使用回归法估计因子得分是一种相对直接的方法，尤其适用于变量之间存在线性关系的情况。
② 最大方差法：是一种非线性降维技术，旨在将高级数据映射到低维空间中，同时保持数据原有的几何结构。

表 3.4　公因子方差

影响因素	状态	
	初始	提取
商品价格	1.000	0.930
商品销量	1.000	0.699
商铺信誉	1.000	0.702
产品人气数	1.000	0.547
好评率	1.000	0.994
是否包邮	1.000	0.957

使用主成分因子分析法提取主因子的实验计算结果数据——解释的总方差（见表 3.5），成功地提取了 4 个主成分因子，主成分累计贡献率达到 80.469%，即在原始变量中的信息提取达到了 80.469%。这说明商品原始信息各变量丢失的信息较少，这 4 个公共因子能很好地描述这些指标，因子提取效果比较理想。

表 3.5　解释的总方差

	初始特征值			提取平方和载入			旋转平方和载入		
	合计	方差/%	累积/%	合计	方差/%	累积/%	合计	方差/%	累积/%
成分 1	1.861	31.010	31.010	1.861	31.010	31.010	1.775	29.583	29.583
成分 2	1.255	20.922	51.932	1.255	20.922	51.932	1.040	17.335	46.918
成分 3	0.898	14.971	66.903	0.898	14.971	66.903	1.011	16.852	63.770
成分 4	0.814	13.565	80.469	0.814	13.565	80.469	1.002	16.699	80.469
成分 5	0.704	11.738	92.207						
成分 6	0.468	7.793	100.000						

根据实验结果的因子荷载矩阵（见表 3.6）显示，4 个公共因子在变量中的解释比较分散，即因子表达意义不明显，不能直接对因子进行解释。这里建议采用最大方差法对初始因子进行正交旋转，旋转后的主成分的累积贡献率保持不变，故不存在特色农产品样本数据信息化进一步损失。

表 3.6　因子荷载矩阵

影响因素	成分 1	成分 2	成分 3	成分 4
商品价格	0.298	0.564	0.681	0.244
商品销量	0.770	0.107	0.081	0.297
商铺信誉	0.810	0.063	0.202	0.019
产品人气数	0.665	0.180	0.234	0.135
好评率	0.136	0.645	0.569	0.485
是否包邮	0.250	0.688	0.091	0.642

对初始因子进行正交旋转后的结果为旋转成分矩阵（见表 3.7），可以看到旋转后的载荷量明显地向 0 和 1 两极分化。从旋转后的矩阵表中，可以很容易地判断哪个变量归入哪个因子。因子 1 主要在商品销量、商铺信誉、产品人气数方面有较大的荷载。这些因素主要代表产品的受欢迎程度和电子商务平台买家的支持度，故 F_1 可解释为支持度因子；因子 2 主要表现在商品价格，故 F_2 可解释为价格因子；因子 3 主要表现在运费上，故因子 F_3 可以解释为服务因子；因子 4 主要表现在好评率，故 F_4 解释为评价因子。

表 3.7　旋转成分矩阵

影响因素	成分 1	成分 2	成分 3	成分 4
商品价格	0.039	0.955	0.128	0.025
商品销量	0.758	0.304	0.176	0.022
商铺信誉	0.830	0.028	0.104	0.018
产品人气数	0.707	0.144	0.130	0.101
好评率	0.063	0.023	0.077	0.992
是否包邮	0.073	0.122	0.965	0.079

从实验分析结果可以看到，第一公共因子为支持度因子，其次为价格因子、服务因子、评价因子，农产品竞争力影响程度大小为支持度>价格>服务>评价。

旋转成分矩阵可以反映各主因子的所占比重，产品竞争力的主成分因子模型如下：

$$\begin{cases} x_1 = -0.039F_1 + 0.955F_2 + 0.128F_3 + 0.025F_4 + \varepsilon_1 \\ x_2 = 0.758F_1 - 0.304F_2 + 0.176F_3 + 0.022F_4 + \varepsilon_2 \\ x_3 = 0.830F_1 - 0.028F_2 + 0.104F_3 - 0.018F_4 + \varepsilon_3 \\ x_4 = 0.707F_1 + 0.144F_2 - 0.130F_3 + 0.101F_4 + \varepsilon_4 \\ x_5 = 0.063F_1 + 0.023F_2 + 0.077F_3 + 0.992F_4 + \varepsilon_5 \\ x_6 = -0.073F_1 + 0.122F_2 + 0.965F_3 + 0.079F_4 + \varepsilon_6 \end{cases} \quad (3\text{-}3)$$

特色农产品原始信息主要包括商品价格、商品销量、商铺信誉、产品人气数、用户评价、是否包邮。本书通过主成分因子分析法，用 4 个主成分因子（支持度因子、价格因子、服务因子、评价因子）来描述特色农产品的竞争力。这样用少数的抽象变量来描述全部的信息，总结出了农产品竞争力的主要影响因素。

公共因子（F_1、F_2、F_3、F_4）本身就是变量，但不能像原始变量（如商品销量、商品价格等）可以直接被统计，但可以通过计算因子得分，即每一个样本在每个公共因子上的得分，用来度量商品在支持度因子、价格因子、服务因子、评价因子上的竞争力的强弱程度，根据回归法得分系数矩阵（见表 3.8），可得公共因子得分的回归方程：

$$\begin{cases} F_1 = 0.084x_1 + 0.421x_2 + 0.479x_3 + 0.412x_4 - 0.047x_5 + 0.023x_6 \\ F_2 = 0.939x_1 - 0.254x_2 + 0.077x_3 + 0.234x_4 - 0.038x_5 - 0.035x_6 \\ F_3 = -0.017x_1 + 0.273x_2 - 0.050x_3 - 0.129x_4 - 0.071x_5 + 0.972x_6 \\ F_4 = -0.044x_1 - 0.056x_2 - 0.077x_3 + 0.052x_4 + 1.009x_5 - 0.065x_6 \end{cases} \quad (3\text{-}4)$$

表 3.8　回归法得分系数矩阵

影响因素	成分 1	成分 2	成分 3	成分 4
商品价格	0.084	0.939	0.017	0.044
商品销量	0.421	0.254	0.273	0.056
商铺信誉	0.479	0.077	0.050	0.077
产品人气数	0.412	0.234	0.129	0.052
好评率	0.047	0.038	0.071	1.009
是否包邮	0.023	0.035	0.972	0.065

根据主因子回归方程可以得到各因子的得分，公共因子对原始信息量的贡献率加权平均为权重，可以计算出各样本数据的产品竞争力的综合得分，以此来对农产品竞争力进行综合评价。

特色农产品竞争力受 4 个因子的共同影响，为了客观地度量产品竞争力的大小，以各因子方差贡献率占因子总方差贡献率的比重作为权重进行加权计算综合得分，作为产品竞争力指数。根据总方差表，成分 1（F_1）的方差贡献率为 29.583%，成分 2（F_2）的方差贡献率为 17.335%，成分 3（F_3）的方差贡献率为 16.852%，成分 4（F_4）的方差贡献率为 16.699%，总计 4 个成分的累计贡献率为 80.469%，建立特色农产品竞争力综合评价模型如下：

$$F = \frac{29.583\%}{80.469\%}F_1 + \frac{17.335\%}{80.469\%}F_2 + \frac{16.852\%}{80.469\%}F_3 + \frac{16.699\%}{80.469\%}F_4 \tag{3-5}$$

产品竞争力分析研究比较有代表性的研究方法有因子分析法、模糊综合评价法、层次分析法。不同的分析方法有各自的特点，适用于解决不同的实际问题。

3.5　模糊综合评价法

模糊综合评价法，是一种基于模糊数学理论的综合评价方法，把影响问题的因素从定性评价转换成定量评价。该方法的基本原理是确认被评价对象的因素集合评价集，再分别确定各个因素的权重和它们的隶属度向量，获得模糊评价矩阵，最后把模糊评价矩阵与因素的权向量进行模糊运算后归一化，得到模糊综合评价结果。通过对被评价对象进行逐一评价并进行排序，每个对象得到唯一的评价值，然后从对象集合中选出最优对象，具体步骤如下。

1）确定评价指标因素集合，可以设 n 个评价指标，$X = \{X_1, X_2, \cdots, X_n\}$。

2）确定等级集合。设 $A = \{W_1, W_2, \cdots, W_n\}$，每一个等级可对应一个模糊子集，即等级集合。

3）建立模糊关系矩阵 $\textbf{\textit{R}}$。在构造等级模糊子集后，要逐个对被评价对象从每个因素 $X_i(i = 1, 2, \cdots, n)$ 上进行量化，即确定从单因素来看被评价对象对等级模糊子集的隶属度 $(\textbf{\textit{R}} \mid X_i)$，进而得到模糊关系矩阵。

4）在模糊综合评价中，确定评价因素的权向量：$U = (u_1, u_2, \cdots, u_n)$。一般采用层次分析法确定评价指标间的相对重要性次序，从而确定权系数，并且在合成之前归一化。

5）合成模糊综合评价结果向量。利用合适的算子将 U 与各被评价对象的 R 进行合成，得到各被评价对象的模糊综合评价结果向量 B。

6）对模糊综合评价结果向量进行分析。实际中常用的方法是最大隶属度原则，但在某些情况下使用会很勉强，损失信息很多，甚至得出不合理的评价结果。针对这种情况，可使用加权平均求隶属等级的方法，对多个被评价对象依据其等级位置进行排序。

模糊综合评价法适用于解决实际生活难以进行量化分析的问题。模糊综合评价法可以实现数字量化被评价的模糊对象，进而对问题进行合理的评价和解释，适用于解决非确定性问题。

模糊综合评价法的缺点比较明显，主要表现在以下两点：对各个因素的权重确认比较主观，不一定能充分反映客观事实，不能保证评估结果的准确性；被评价对象的影响因素之间可能有一定程度的相关性，存在信息重叠，而进行模糊评价之前必须进行预处理，删除信息重叠的影响因素，这将破坏原始信息的完整性。

3.6　层次分析法

层次分析法是将一个复杂的决策问题，根据其实现目标进行层次化分解分析，是一种定性分析和定量分析相结合的分析方法，在分析过程中一般建立三层结构模型（即目标层、中间层、方案层）。

1. 层次分析法的数学模型

1）建立层次结构模型，将决策目标、影响因素、决策对象按相互关系分为目标层、中间层、方案层。目标层是决策需要解决的问题；中间层是做决策的影响因素，一般是准则、子准则；方案层是决策时的备选方案。

2）构造判断矩阵，建立层次结构，上下层之间元素的隶属关系就被确定了。然后比较同一层中每个因素关于上一层的同一个因素的相对重要性，设有 n 个指标 $\{A_1, A_2, \cdots, A_n\}$，$a_{ij}$ 表示 A_i 相对于 A_j 的重要程度判断值，其标度值详见表 3.9。

表 3.9　判断矩阵元素 a_{ij} 的标度方法

标度	含义
1	表示两个因素相比，具有同样重要性
3	表示两个因素相比，一个因素比另一个因素稍微重要
5	表示两个因素相比，一个因素比另一个因素明显重要
7	表示两个因素相比，一个因素比另一个因素强烈重要
9	表示两个因素相比，一个因素比另一个因素极端重要
2，4，6，8	上述两相邻判断的中值
倒数	若因素 i 与因素 j 比较的判断为 a_{ij}，则因素 j 与因素 i 比较的判断 $a_{ji} = 1/a_{ij}$

以矩阵形式表示为判断矩阵 A，见式（3-6）：

$$A = (a_{ij})_{n \times n}, \quad a_{ij} > 0, \quad a_{ji} = \frac{1}{a_{ij}} \tag{3-6}$$

假定上一层的元素 C_k 作为准则，对下一层次的元素 $A_1, \cdots, A_n$ 有支配关系，我们的目的是在准则之下按它们的相对重要性赋予 $A_1, \cdots, A_n$ 相应的权重。

3）层次单排序的目的是对于上一层中的某元素而言，确定本层与之有联系的元素重要性的次序。它是本层所有元素对上一层而言的重要性排序的基础。

若取权重向量 $W = [w_1, w_2, \cdots, w_n]^{\mathrm{T}}$，则有式（3-7）：

$$AW = \lambda W \tag{3-7}$$

λ 是 A 的最大特征值，那么 W 是 A 的对应于 λ 的特征向量，从而层次单排序转化为求解判断矩阵的最大特征值 $\lambda_{\max}$ 和它所对应的特征向量，就可以得出这一组指标的相对权重。

4）利用同一层中所有层次单排序的结果，可以计算针对上一层的本层所有元素的重要性权重值，称为层次总排序。层次总排序需要从上到下逐层进行。对于目标层，其层次单排序就是其总排序。

2. 层次分析法的特点

模型建立时，必须坚持以下原则。

1）分解问题目标时，必须找准问题的影响因素，且不能遗漏，也不能多选。

2）影响因素之间必须处于同一价值水平上，相差悬殊的因素不能放在同一层。此方法比较适用于无结构的系统评价问题分析。

层次分析法的弊端主要表现在以下几点。

1）不能根据分析结果，产生新的决策方案，即只能从备选方案中挑选出最优的方案。

2）在分析过程中，主要进行的是定性分析，定量分析的成分较少，说服力不够充分。

3）当问题的影响因素的数量较大时，建立问题的层次模型比较复杂，难以确定各个影响因素的权重。

3.7　系统需求分析

3.7.1　目标分析

特色农产品多语言电子商务平台的产品竞争力的分析系统[54]，包括支持度因子分析、价格因子分析、服务因子分析、评价因子分析 4 个功能模块，以及综合因子竞争力大小排名功能模块，从而为特色农产品电子商务平台的用户提供决策支持，提高平台的用户体验度，其主要表现在以下几点。

1）买家用户根据特色农产品竞争力大小分析结果排名，快速地挑选出合适的产品。

2）入驻商家根据特色农产品竞争力大小分析结果排名，了解同行业产品的优劣和市场的走向，及时调整特色农产品在线上的销售策略。

3）平台运营商根据特色农产品竞争力大小分析结果，实时发布农产品竞争力的数据可视化分析报表，掌握农产品的市场变化规律。

系统在具体实现过程中，同时为买家用户、入驻商家用户、平台运营商留有功能调用接口。

3.7.2　功能分析

特色农产品电子商务平台的产品竞争力分析系统主要实现的业务功能包括以下几个方面。

（1）产品支持度分析

通过分析特色农产品电子商务平台的产品支持度来度量产品竞争力的大小。根据竞争力分析模型的分析结果，以模型中支持度因子的得分为指标，对产品的支持度进行排名，买家用户和入驻商家可以直观地看到产品在支持度方面的市场地位。

（2）产品价格分析

特色农产品的价格是衡量特色农产品竞争力的一个重要方面，根据竞争力分析模型中的价格因子得分，对特色农产品进行排名，平台买家用户可以直观地看到产品的价格排名，为购物提供更好的决策依据。

（3）产品服务分析

特色农产品服务质量是产品在农产品电商平台中的竞争力影响的主要因素之一，是买家用户进行购物决策的重要依据，同时平台入驻商家根据自身产品的服务在市场中的竞争位置，对自身的服务质量进行优化。

（4）产品评价分析

平台买家用户根据评价因子得分的排名，选择合适的产品。特色农产品的评价虽然在产品竞争力大小的影响中不处于核心地位，但要想提高特色农产品的竞争力，必须做好产品的口碑，以获得买家用户的良好评价。

（5）产品综合竞争力分析

根据农产品竞争力综合分析模型，得到产品竞争力指数 F，其中 F_1、F_2、F_3、F_4 分别为支持度因子得分、价格因子得分、服务因子得分、评价因子得分，对农产品竞争力大小进行排名。

3.7.3　系统框架

特色农产品多语言电子商务平台产品竞争力分析系统的实现使用 Django 开发框架，Django 开发框架不仅能简单快捷地实现该系统，同时大幅降低了程序代码的耦合性，方便使用优秀的开发库，完成满足系统设计的需求，其核心是 MTV 开发模式，即模型（model，M）、模板（template，T）和视图（view，V）。

1）模型：框架的数据存储层，负责数据库关系的映射。通过实体关系映射机制处理相关数据库的操作，包括数据的存储、数据的校验、数据行为与数据之间的联系。在开发过程中，只需要编写 model.py 文件，就可以实现模型。

2）模板：Django 框架的表现层，负责前端网页的显示，首先在项目（project）目录下创建模板文件夹，然后在设置（settings）文件中配置路径，最后在该目录下编写模板 html 文件和格式化处理。模板提供的继承和引用功能大大削弱了程序的柔和性，并提高了代码复用性。

3）视图：框架的业务逻辑层，负责处理从前端页面发送过来的请求，通过模板对数据库进行操作，然后控制前端网页显示的数据，是模型与模板之间的桥梁。

MTV 模式的特点主要体现在开发框架以及组件结构的松耦合性能上，明确每一层的功能位置，可以独立进行设计。

特色农产品多语言电子商务平台的产品竞争力分析系统的技术路线如图 3.3 所示。

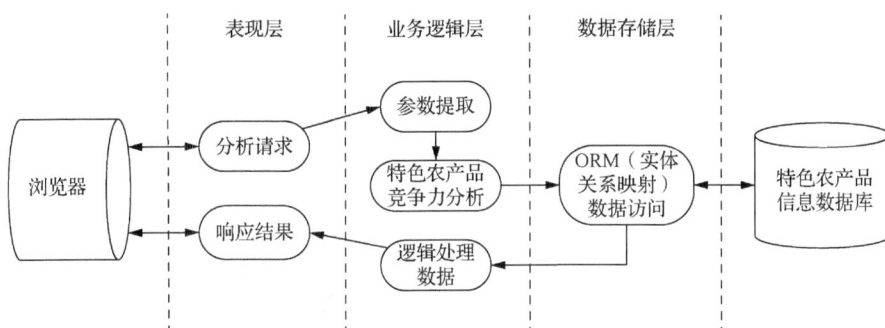

图 3.3 产品竞争力分析系统的技术路线

1. 数据存储层

对网络爬虫采集到的电商平台中的特色农产品信息及商铺相关信息，进行数据预处理（清洗、变换、归约操作）和农产品数据的审核、校验，删除重复的数据，纠正数据中的错误，保证数据的一致性，最后将采集到的数据持久化到 MySQL 数据库。

2. 业务逻辑层

使用产品竞争力分析模型编写视图函数，处理特色农产品竞争力分析逻辑。根据客户端发送的请求数据，调用 Model 模块访问数据库，进行产品竞争力分析，得到产品竞争力的各项因子得分和竞争力综合得分，然后将处理结果传递到表现层，最后通过响应内容返回给客户端。

3. 表现层

表现层用来展示特色农产品的竞争力分析结果数据，使用浏览器实现交互，同时实现系统的后台管理和操作。系统接收到视图返回的响应数据后，将其传递到表现层，并呈现在前端的网页界面中。

3.8　系统实现

特色农产品多语言电子商务平台的产品竞争力分析系统实现过程如下。

3.8.1　开发环境与工具

系统开发平台使用 Windows 7 操作系统；开发环境使用 Python 2.7+Django 1.8.2+ PyMySQL；系统开发工具选用 Pycharm 2016；系统数据库使用 MySQL 5.6。

3.8.2　详细设计流程

1. 环境配置

使用 pip 管理包工具下载 virtualenv 创建隔离的虚拟环境，在虚拟环境中安装 Django 1.8.2 和 PyMySQL 解析库，安装 MySQL 5.6 数据库。最后在 Django 中配置日志文本的使用，即在 settings.py 文件中增加 LOGGING 配置项，方便系统的调试和维护。

2. 数据库设计

数据库的设计与数据存储，通过 Django 框架中的模型（即数据存储层）来实现。使用的实体关系映射机制，负责业务对象与数据库的映射，用于实现面向对象编程中不同类型系统数据之间的转换；采用面向对象的方式去操作数据库的表数据，如增加、删除、更改、查看等操作，数据库交互变得简单易行，可实现快速开发，同时可以避免编写 SQL 语句带来的性能和安全问题。

Django 配置数据库默认为 sqlite3，需要在配置文件中连接数据库 MySQL，具体配置如下：

```
DATABASES = {
  'default': {
    'ENGINE': 'django.db.backends.mysql',
    'NAME': 'commodities',    #创建commodities数据库
    'USER':'root',
    'PASSWORD':'123456',
    'HOST':'localhost',
    'PORT':'3306'
  }
}
```

对数据库中每一张表的结构设计建立相应的模型 Model。Model 中的每一个属性映射为数据库表的字段，生成数据库存取函数，以实现对数据的操作，部分代码如下：

```
class Lei_goods(models.Model):
    category = models.CharField(verbose_name='类别',max_length=20)
    name = models.CharField(verbose_name='商品名称',max_length=50)
    time = models.DateTimeField(verbose_name='商品更新时间')
    price = models.DecimalField(verbose_name='商品价格',max_digits=10,
decimal_places=2)
    sales = models.IntegerField(verbose_name='商品销量')
    evaluation = models.DecimalField(verbose_name='用户评价',max_digits=10,
decimal_places=2)
    tansport = models.BooleanField(verbose_name='是否包邮')
    credit = models.IntegerField(verbose_name='商铺信誉')
class Meta:
    verbose_name = u'休闲食品'
    verbose_name_plural = verbose_name
```

最后，需要将各个 Model 注册到 Django 框架的 admin 管理后台，方便数据的管理操作。数据库的实现效果如图 3.4 所示。

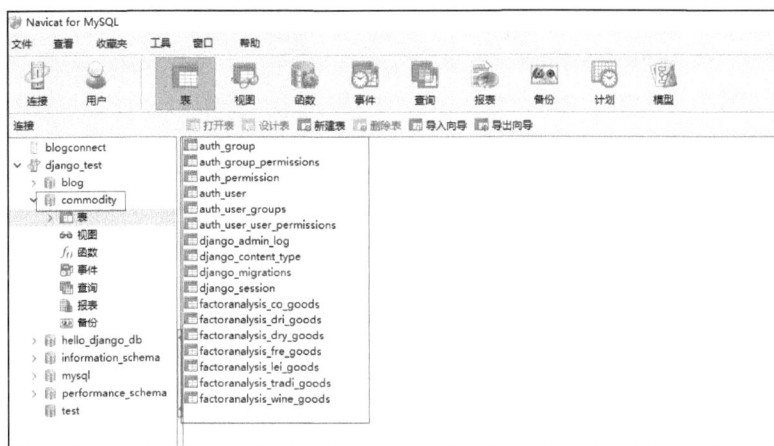

图 3.4　特色农产品信息数据库的实现效果

3. 产品竞争力分析设计

特色农产品竞争力分析的逻辑在视图中实现。当客户单击农产品竞争力分析功能时，Django 创建一个包含有关请求数据的请求对象（HttpRequest），并将它作为第一个参数传给视图函数。当视图函数处理完相应的逻辑后，返回一个响应对象（HttpResponse），HttpRequest 和 HttpResponse 都被定义在 django.http 模块中。

4. 系统界面设计

使用 Django 框架实现特色农产品多语言电子商务平台产品竞争力分析系统界面，关键在于分别实现特色农产品竞争力的单个因子（支持度因子、价格因子、评价因子、服务因子）分析和综合竞争力分析，同时实现了产品关键词的搜索功能，提高用户的体验度。系统界面的产品竞争力分析结果如图 3.5 所示。

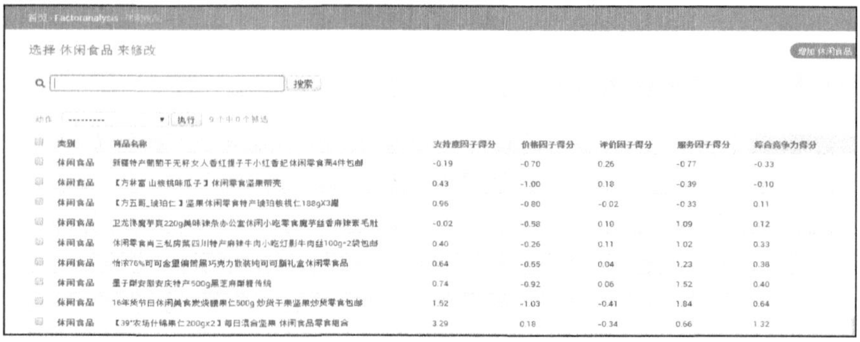

图 3.5　产品竞争力分析结果

第4章　商品智能推荐系统

商品智能推荐系统是特色农产品多语言电子商务平台的核心内容之一。研发团队根据实际情况设计了适用于特色农产品多语言电子商务平台的推荐算法,旨在研究合适的推荐算法并应用于特色农产品多语言电子商务平台来完成农产品的精准推荐,提升用户的购物体验,从而提高特色农产品多语言电子商务平台的竞争力。

4.1　设计思路

(1)爬取农产品数据

使用前面章节构建的网络爬虫[55],从特色农产品多语言电子商务平台和其他农产品电子商务平台爬取原始农产品数据,再进一步对原始数据进行过滤、纠错等预处理,选取高质量的数据,最后保存至 MySQL 数据库,完成农产品推荐数据集的构建。

(2)构建基于层次图的农产品推荐模型

基于层次图的农产品推荐(hierarchical graph based for agricultural product recommendation,HGAPR)模型,将用户、农产品以及两者的交互构建为二部图,充分利用农产品的名称、描述以及用户对农产品的评价等文本信息,不仅可以缓解协同过滤数据稀疏的问题,在一定程度上也可缓解过拟合问题。同时,层次图结构可以学习到农产品和用户的层次特征,更符合农产品推荐场景。在本书构建的农产品数据集上,通过对比实验进行分析。此外,还进行参数灵敏度实验和消融实验,分别探索 HGAPR 模型参数的取值问题以及该模型中各个模块是否有效。

(3)搭建特色农产品多语言电子商务平台的农产品电商推荐模块

为了证明 HGAPR 模型的可行性,在特色农产品多语言电子商务平台上对该模型进行验证,从需求分析、模块架构入手,最终使用浏览器/服务器(browser/server,B/S)架构,设计并实现特色农产品多语言电子商务平台的推荐模块。

4.2　数据获取、处理与分析

推荐系统的推荐效果不仅取决于推荐算法的性能,很大程度上也受推荐数据的影响,所以先对推荐算法所使用农产品进行分析是很有必要的,但是目前并没有专门针对农产品的数据集。本书以特色农产品多语言电子商务平台[56]为基础进行研究,故从特色农产品多语言电子商务平台的数据获取入手。

　　针对特色农产品多语言电子商务平台，从其他农产品电子商务平台爬取了原始的用户和农产品的交互数据，然后把原始交互数据进行过滤、纠错等预处理后构建出农产品数据集，并进一步对该数据集进行分析，保存至 MySQL 数据库，为后续的实验部分提供数据集支持。

4.2.1　数据爬取

　　由于特色农产品多语言电商平台处于运营初期，网站内可供使用的数据有限，为了提取足够的数据进行推荐模型的训练，本书还从其他大型农产品电子商务网站中爬取数据[57]，共同组成了农产品推荐系统的原始数据，并对该数据进行预处理，存入 MySQL 数据库预设的对应字段中。

　　目前，很多电子商务网站开始使用反爬取技术来保护网站数据，基于对爬取和反爬取技术的研究，根据电子商务网站的实际业务逻辑和需要爬取的数据类型，使用网络收集器（WebCollector）框架对网络爬虫进行改进，从而完成数据的爬取工作。改进的网络爬取可分为 3 个部分：网页获取、网页解析和数据存储，总体路线如图 4.1 所示。

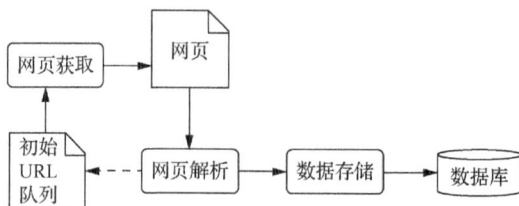

图 4.1　改进的网络爬取路线

1.　网页获取

　　在互联网发展初期，网站主要由静态网页组成，随着信息量增长和网页编程技术的不断成熟，目前电子商务网站使用更多的是异步 JavaScript 和 XML 技术（asynchronous JavaScript and XML，AJAX）和动态页面等技术来执行异步更新和网页加载，有的甚至加入了反爬机制，而传统爬取技术将静态网页加载到本地网页上，以提取有关网页的更多信息。这不仅会丢失网站上大量的动态隐藏信息，还会出现效率低下、浪费存储空间的问题。

　　为了更好地执行网页获取任务，采用 WebCollector 框架改进爬取技术。WebCollector 是以 Java 为内核编写的集成框架，无须配置和部署轻量级应用程序接口（application program interface，API），通过少量代码来定义满足自身任务要求的爬虫。使用待爬取队列中设定好的初始 URL 作为起始网址，开始执行自定义的网络爬虫，根据存储的起始网址来解析页面，进而产生需要解析的网址。网页获取过程中遇见的问题和解决策略如下。

　　1）电商网站由于商品和用户数据较多，网站多为前后端分离式管理，部分数据需要用户单击、拖动才能经过 AJAX 获取数据，且 AJAX 接口的数据大多经过加密处理。针对这个问题，使用自动化测试工具 Selenium 来模拟用户对浏览器产生的行为，从而动态获取完整的页面数据。

2）目标站点对过高频率的爬取往往会进行封锁处理，可使用 time.sleep 函数设置一个 3～8s 的休眠控制。

3）在采集数据时，物品界面会有标签页、物品评论页、物品详情页等多种异构页面，如果不知道页面的类型，就不能进行下一步的对应解析。使用 WebCollector 自带的 metaData，将探测到的不同 URL 贴上不同标签，并把它们一起放入后续任务（next）中，当需要进行解析时，可通过 page.meta（"kind"）实现。

2．网页解析

HTML 文档标准统一[58]，用标签对来表示网页中的各种信息，浏览器可以通过解析这些标签对来展示网页。通常情况下，HTML 文档的各种标签对位置是固定的，可以对 HTML 文档实行按行读取并进行过滤的策略。通过编写对应的过滤规则（如正则表达式等）来获取数据。网页解析流程如图 4.2 所示。

整个网页解析过程以在线形式进行。

1）从阻塞队列中逐条获取指向待解析物品的所在页面。

2）解析数据，选择网页中的标签，这些标签中包含了待获取的数据。

3）使用 Xpath 或 CSS Selector 定位标签，从 HTML 文本文档中采集数据，如用户名、商品名、用户评论、商品描述、评分和图片链接等。

4）重复上述过程，直至 URL 队列为空时爬虫程序停止。

3．数据存储

将数据从网页中成功解析后，下一步就是进行数据存储。使用 MySQL 进行数据存储，事先设置好字段和数据类型。数据存储流程如图 4.3 所示。

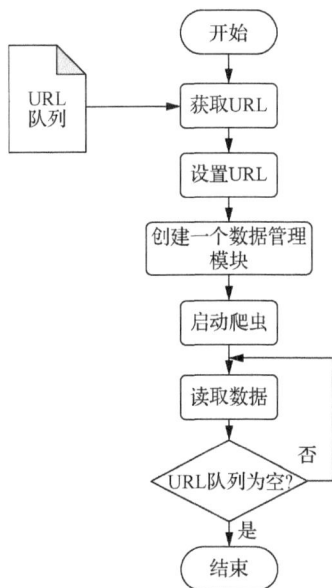

图 4.2　网页解析流程　　　　图 4.3　数据存储流程

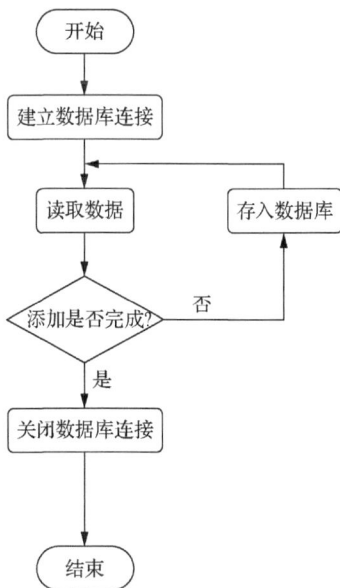

把数据存储至 MySQL 数据库之前，首先需要设计数据表，再把数据按照预设的字段名分别对应存储，最终生成的 MySQL 部分数据记录如图 4.4 所示。

product_id	product_name	user_name	review_text	description	overall	imageURL	category
234	有机西兰花	ldahxy	真的很新鲜，配送也很快。很满意。信得过的商家	有机汇 有机汇	5	https://img12.3	西兰花
234	有机西兰花	lym159*****36	很失望的一次购物，物流慢不说，所有蔬菜基本不新鲜，	有机汇 有机汇	2	https://img12.3	西兰花
234	有机西兰花	wudiwyw	黄黄的可怜两小颗西兰花，可以理解不可能所有蔬菜都	有机汇 有机汇	1	https://img12.3	西兰花
234	有机西兰花	z***8	再次购买，整体菜色不错。有问题的商品处理很及时	有机汇 有机汇	3	https://img12.3	西兰花
234	有机西兰花	z***9	这次收到的西兰花很新鲜，主要给宝宝吃，西兰花的营	有机汇 有机汇	5	https://img12.3	西兰花
234	有机西兰花	安妮儿	有机西兰花第一次买，吃健康食品！	有机汇 有机汇	5	https://img12.3	西兰花
234	有机西兰花	红魔红木	不错，新鲜，颜色深绿色，无腐烂，嫩，水分足。不错	有机汇 有机汇	5	https://img12.3	西兰花
234	有机西兰花	136647mpw	孩子吃上辅食就在这家买，看着新鲜。闻着不错。	有机汇 有机汇	5	https://img12.3	西兰花

图 4.4　部分数据记录

4.2.2　数据处理及分析

1. 数据预处理

推荐的数据质量会直接影响推荐算法的效果[59]，而直接从网页上浏览的原始数据不规范，为了确保数据的完整性、有效性和一致性，必须对所获取的原始数据进行处理，以便构建规范的数据集供进一步研究。具体流程如图 4.5 所示。

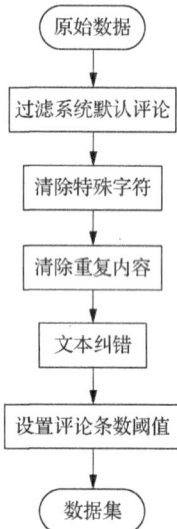

原始数据 → 过滤系统默认评论 → 清除特殊字符 → 清除重复内容 → 文本纠错 → 设置评论条数阈值 → 数据集

图 4.5　预处理流程

1）过滤系统默认评论。用户一般不会对其购买的所有商品进行评论，当确定收货或者逾期自动确定收货后，系统会自动生成默认评论。因为这种评论不是用户的真实意愿，所以并不能代表用户，不仅没有太大价值，而且会影响实验结果，因此，需要过滤所有的系统默认评论。

2）清除特殊字符。用户评论中可能会包含一些特殊表情或符号，这些特殊字符没有意义，且影响系统的识别，可通过数据清洗删除这些无意义的字符。

3）清除重复内容。例如，"重要的事说三遍"，这无疑降低了观点词语检索的效率，将每条评论中重复的语句剔除，只保留一个。

4）文本纠错。由于用户自由发表评论会产生错别字，在进行观点词语挖掘时，错别字对结果的影响较大，因此需要提前纠正错别字。可使用 Microsoft Word 自带的纠错功能插件查找存在错误的部分，然后在词典中查找与该词语发音一致或者接近的词语，并将错误的词语替换。

5）设置评论条数阈值。如果一个用户本身只有一条评论，那么很难通过这一条评论充分获取用户特征。为了更好地完成实验，应保留至少含有 5 条用户评论的用户记录。

2. 数据分析

经过数据预处理操作，获得的数据集包括 8239 名用户对 1216 种农产品产生的

55231 条评分和评论, 尽管整体来看用户的评论数较多, 但是实际上每个用户产生过购买行为的农产品只占农产品总数的一小部分。农产品评分数量统计如图 4.6 所示。

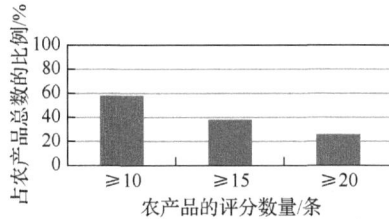

图 4.6 农产品评分数量统计

数据集中 58% 的农产品有 10 条以上评分, 38% 的农产品有 15 条以上评分, 评分数量在 20 条以上的农产品仅占农产品总数的 26%, 数据集的稀疏度达到了 99.5%。数据太稀少会导致推荐的准确性降低, 传统研究通常会用数据填充等方式来解决该问题。本书使用用户反馈和农产品说明作为推荐模板来缓解稀疏问题。为了充分研究用户和农产品的潜在特点, 最终提高推荐效果, 使所有用户的评论和描述农产品的字数如下。

1)每名用户发表的评论平均数量达到 6.7 条。

2)每名用户评论的平均字符数达到 28.2 个。

3)每条农产品描述的平均字符数达到 24.1 个。

综上, 可以得出大部分的用户和农产品存在一定长度的文本数据, 从中可以获取一定的用户和农产品特征用于推荐模型的实验。本书的实验表明, 通过引入用户评论和农产品描述, 能够有效地提取用户特征, 从而对发掘农产品特点提供辅助, 缓解数据稀疏性问题, 提升推荐效果[60]。

4.3 基于层次图的农产品推荐算法

4.3.1 农产品推荐特点

如今, 基于图的方法已经成为推荐系统研究领域的热门方向[61], 基于图的推荐算法被用于各种推荐场景中, 如个性化推荐、序列推荐、标签推荐等。在多个推荐子领域问题中, 基于图的推荐算法取得了非常优秀的表现效果, 基于图模型, 同时融合农产品推荐特点, 搭建了基于特色农产品多语言电子商务平台建立的农产品推荐模型, 即基于层次图的农产品推荐(HGAPR)模型。

农产品推荐算法主要具有以下特点, 也由此而面临一些独特的挑战。

(1)农产品需求量较大, 用户购买的延续性较强

农产品与衣食住行密切相关, 尤其水果、粮油米面、肉蛋奶等这类农产品, 相较于电子产品、汽车用品、图书、服装化妆品等产品, 农产品往往消耗量比较大, 用户的购买行为具有一定的延续性。例如, 频繁购买瓜子、核桃、蜜饯等干果类产品的用户, 大

概率会再次购买。因此，可从用户的购买行为中获取用户对各种农产品的偏好，从而更精确地刻画出用户画像。

（2）农产品之间存在明显的搭配特性

例如，喜欢养生的用户在购买红枣的同时，很可能也会购买银耳、百合、莲子等相关农产品。因此在进行农产品的推荐时，应充分考虑用户所购买的农产品之间存在的隐含搭配特性，来为用户提供更好的农产品推荐体验。

（3）农产品类别上具有简单且明显的层次结构

在实际生活中，许多农产品的区分程度较低且分类简单。举例来说，如果用户在京东网站搜索衬衣，可供用户筛选的类别应有尽有。按照品牌来分，有海澜之家、七匹狼等多种品牌；按照材质来分，有棉、麻、聚酯纤维、桑蚕丝等种类；按照风格来分，有基础大众款、商务正装、欧美风、嘻哈风等；按照工艺来分，有免烫、扎染、磨边、做旧等工艺；按照适用人群来分，有青年款、中年款、亲子款等款式，可以说分类方式层出不穷。对于农产品，以核桃为例，首先只能按照品牌或产地进行筛选，种类相对较少。其次，类别的层次结构非常明显且简单，如农产品可以划分为粮油米面、五谷杂粮、水果、肉蛋奶、休闲食品、茶酒冲饮、营养保健等。以水果为例，第二层分类信息可以包括瓜类、柑橘类、核果类、仁果类、浆果类等，类别的层级关系较为清楚和简单。如何更好地利用农产品简单且明显的层次结构刻画用户兴趣偏好和农产品特征，以实现更精准的农产品推荐是目前需要解决的问题。

（4）更新程度较低

产品区别化和品牌化程度不高，是农产品更新程度较低的一个原因。虽然近年来涌现出了赣南脐橙、远安血橙、草莓玉米等一大批优秀的农产品，但是其更新程度远低于鞋服饰品、电子产品、美妆洗护产品。产品更新程度低，农产品数据库就会相对稳定，用户的兴趣偏好也就会比较稳定，尤其在类别上的偏好会更加稳定。因此，通过农产品推荐场景来捕获用户在类别上的长期兴趣偏好是需要考虑的因素。

4.3.2　模型架构

图 4.7 所示为 HGAPR 模型的整体架构。

第一部分是用户-农产品特征提取模块。为了充分利用用户和农产品的文本信息，利用基于注意力机制的 Bi-LSTM 提取这些文本信息的特征，并利用 Embedding 技术获得用户和农产品的初始特征表示，以及用户-农产品关系的初始特征表示；第二部分是用户-农产品二部图构建模块，将用户和农产品的连接关系构建为一个二部图，其中节点代表用户或农产品，边代表用户和农产品之间的关系，包括打分和评论两种关系；第三部分是层次特征学习模块，在构建好的用户-农产品二部图上使用图神经网络来学习更好的用户和节点的特征表示，以此来构建层次化的用户-农产品类别二部图，新的粗粒度的二部图可以帮助学习层次化的农产品类别特征，从而获得更加准确的推荐效果；第四部分为评分预测模块，使用用户和农产品的特征表示来预测用户对农产品的评分。接下来详细介绍 HGAPR 模型的各个模块。

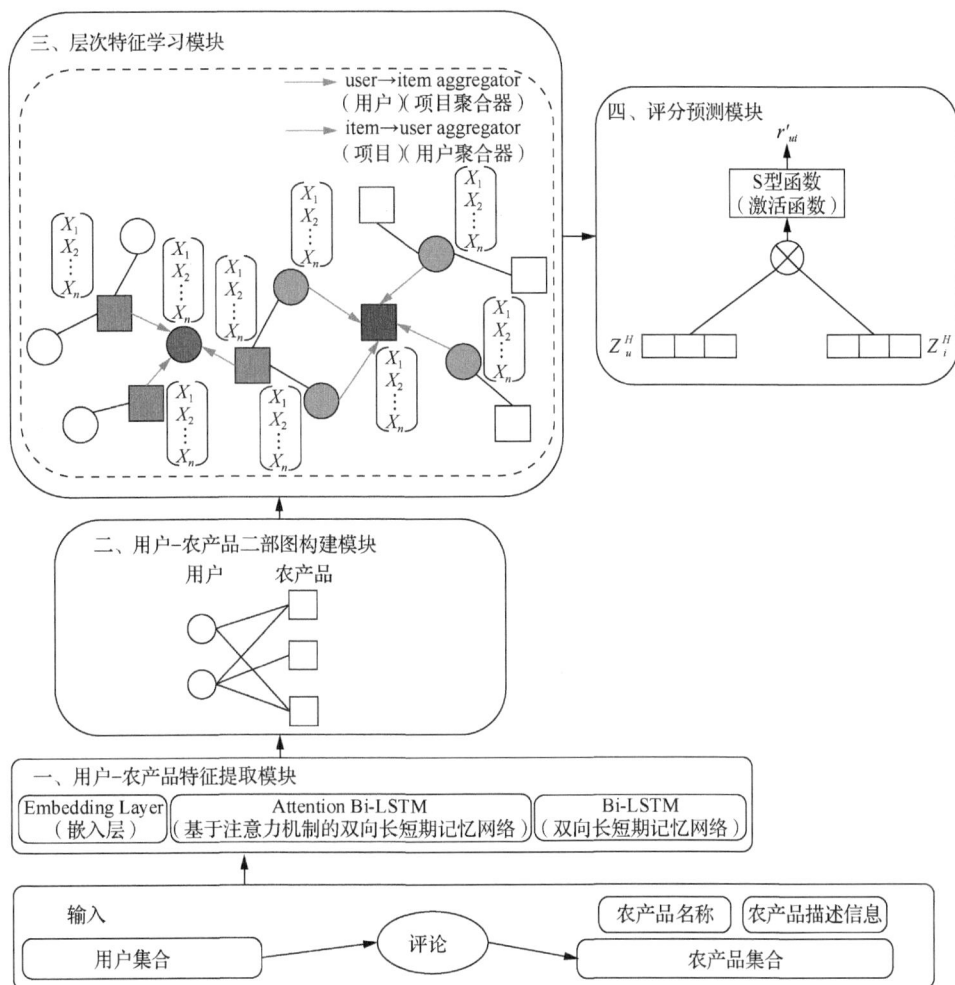

图 4.7 HGAPR 模型的整体架构

4.3.3 用户-农产品特征提取模块

将农产品名称、描述信息和用户对农产品的评论转换为模型初始输入的特征表示，最终构建了用户-农产品、用户-农产品之间关系的特征表示。其中，用户 ID、农产品 ID 和用户信息使用词向量技术直接获取其特征，农产品描述信息、农产品名称等文本信息使用 Bi-LSTM 模型提取特征[62]，用户评论农产品文本信息使用基于注意力机制的 Bi-LSTM 提取特征，整个特征提取模块如图 4.8 所示。

1. 文本特征处理

（1）农产品名称和描述信息处理

为了方便叙述，农产品 i 的名称（name）或描述信息（description）统一用 s 表示。假设农产品 i 的名称或描述信息 $s = \{w_1, w_2, \cdots, w_t\}$，其中 t 为文本长度，$w_k(k = 1, 2, \cdots, t)$ 表

示农产品文本中的第 k 个单词，本模块利用 Bi-LSTM 模型来提取这两类文本信息的表征，具体如下：

$$e_s = \text{Bi-LSTM}(s) \tag{4-1}$$

式中，e_s 表示文本信息的特征表示。

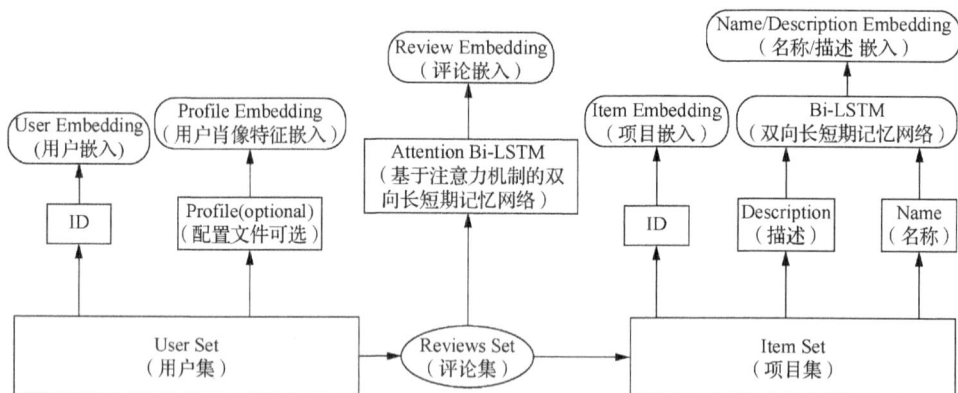

图 4.8　特征提取模块

（2）用户对农产品的评论文本处理

一个用户会产生多条评论（review），故需要对用户评论单独进行处理。假设用户 u 对农产品 i 的所有评论文本信息为 x，则

$$x = \{s_1, s_2, \cdots, s_m\} \tag{4-2}$$

$$s = \{w_1, w_2, \cdots, w_t\} \tag{4-3}$$

式中，m 表示用户评论的数目；s 表示单条用户评论，由于 name、description 和 review 本质上都是文字序列，故与上文一样都使用 s 进行表示；w_k 表示评论文本中的第 k 个单词，$k = 1, 2, \cdots, t$。利用基于注意力机制的 Bi-LSTM 来提取评论文本的特征表示，计算如下：

$$\boldsymbol{\alpha}_i = \alpha e_{s_i} \tag{4-4}$$

$$\hat{\alpha}_i = \frac{\boldsymbol{\alpha}_i}{\displaystyle\sum_{i=1}^{m} \boldsymbol{\alpha}_i} \tag{4-5}$$

$$e_{ui} = \sum_{i=1}^{m} \hat{\alpha}_i \boldsymbol{e}_{s_i} \tag{4-6}$$

式中，$\hat{\alpha}_i$ 为每条评论的权重；$\boldsymbol{\alpha}$ 为评论背景向量，用于计算每条评论的权重，由随机初始化得到；$\boldsymbol{e}_{s_i}$ 为第 s_i 个评论的特征向量，用户 u 对农产品 i 的评论文本的最终特征表示 e_{ui} 由所有评论向量 $\boldsymbol{e}_{s_i}$ 按权重求和得到。

2. 用户和农产品初始特征表示

得到各类文本特征表示后，下一步将构建用户和农产品以及用户-农产品关系的初始特征表示。将用户的其他画像信息的特征表示与用户特征表示拼接并通过参数矩阵进行转换，即可得到初始的用户特征表示。将农产品的名称、描述信息的特征表示和农产品特征表示拼接，并通过参数矩阵进行转换即可得到初始的农产品特征表示。具体计算如下：

$$e_u = W_u[e_u; e_{profile}] \tag{4-7}$$

$$e_i = W_i[e_i; e_{name}; e_{description}] \tag{4-8}$$

式中，$e_{profile}$ 为用户画像（如性别、年龄等）的特征表示；e_{name}、$e_{description}$ 分别为农产品的名称和描述的特征表示；W_u 和 W_i 为用户和农产品的特征转换矩阵；[;]表示向量拼接操作。如果无法获取用户的画像特征，模型将仅使用用户的 ID 特征作为用户初始的特征表示，即 $e_u = W_u e_u$。

4.3.4　用户–农产品二部图构建模块

为了更好地学习用户和农产品的特征表示，受启发于图神经网络在计算机视觉、自然语言处理、信息检索、推荐系统等领域的成功应用[63]，将用户和农产品以及它们之间的关系构建为一张图，利用强大的图神经网络来学习用户和农产品的特征表示来对用户进行农产品推荐。构建的图 $G = \{U, I, E\}$，其中 U 是用户节点集合，I 是农产品节点集合，E 是用户–农产品边集合。由于仅存在用户和农产品之间的交互，故图 G 为一个二部图（边仅存在于用户节点和农产品节点之间），交互关系包括评论和评分两种，示例如图 4.9 所示。

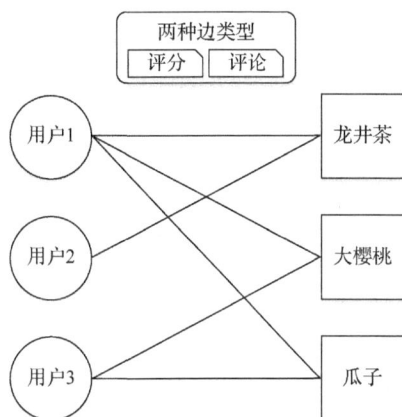

图 4.9　用户–农产品二部图

图 4.9 中包括 3 个用户节点（用户 1、用户 2、用户 3）和 3 个农产品（龙井茶、大樱桃和瓜子）。其中，用户和农产品的每个交互操作都包括两种边类型，即评分和评论，边的示例内容如图 4.10 所示。

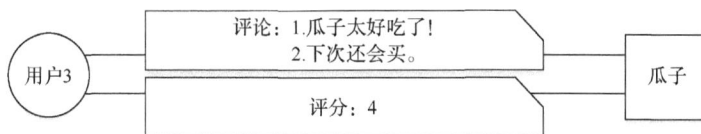

图 4.10　用户–农产品二部图的边示例

图 4.10 中包含了用户和农产品之间的交互信息。

4.3.5　层次特征学习模块

由用户–农产品特征提取模块得到每个用户和每个农产品的初始特征表示，以及用户对农产品的评论的特征表示后，层次特征学习模块将利用图神经网络来学习用户和农产品更好的特征表示，为用户提供更优的农产品推荐体验。

1. 传播层

图 4.11 展示了用户更新节点表示的过程。其中，线性整流函数，又称线性修正单元（rectified linear unit, ReLU），是人工神经网络中常用的一种激活函数（activation function），通常指代以斜坡函数及其变种为代表的非线性函数。LeakyReLU 是 ReLU 的一种变形。

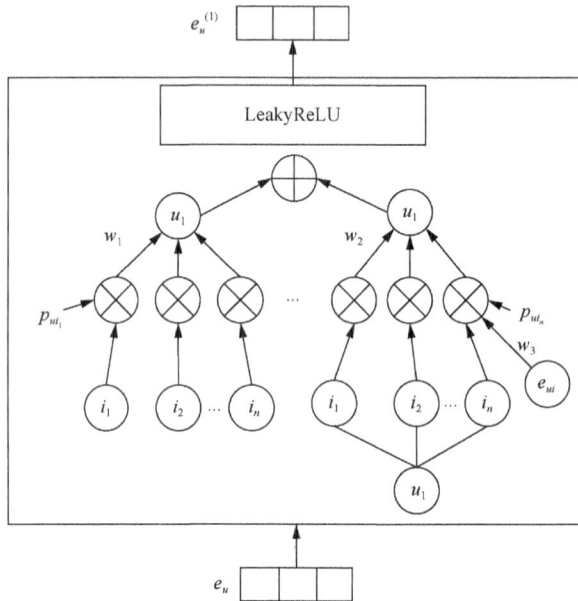

图 4.11　用户更新节点表示的过程

具体地，在每次信息传播过程中，用户节点会聚集其邻居农产品节点的特征。传播公式如下：

$$m_{u \leftarrow i} = f_t(e_u, e_i, e_{ui}) \tag{4-9}$$

$m_{u \leftarrow i}$ 为农产品传播到用户的信息的表征，f_t 是评分为 t 的传播函数（每种评分都独自具有一套参数）。本书中传播函数 f 定义如下：

$$m_{u \leftarrow i} = p_{ui}(W_{t1}e_u + W_{t2}(e_u \odot e_i + W_{t3}e_{ui})) \tag{4-10}$$

式中，W_{t1}、W_{t2} 和 W_{t3} 是评分 t 下的可训练参数矩阵，用于分别将用户特征、农产品特征以及评论特征转换到同一空间以便进行信息整合，这些参数由随机初始化得到。系数 $p_{ui} = \dfrac{1}{\sqrt{|N_u \| N_i|}}$，其中 $|N_u|$、$|N_i|$ 分别代表用户 u 和农产品 i 的邻居节点数量。从表征学习的角度来看，$\dfrac{1}{\sqrt{|N_u \| N_i|}}$ 这一系数对历史数据中所有农产品对用户的兴趣偏好的构建进行了一定程度的平滑处理。从信息传播的角度来看，考虑到距离用户越远的农产品对用户兴趣偏好的构建贡献越小，这一系数也可以被理解为是一个衰减因子，用于反映信息传播时的这种特性。

同样，农产品节点收集其相邻用户节点的特征表示，以获得农产品的特征表示，计算公式与用户节点相同。这种基于信息传播的学习方法的优点是，它明确使用图表上的一阶连接信息来关联用户和农产品的特征表示，使用户和类似农产品具有更相似的特征表示，从而达到更好的推荐效果。

每个传播过程都称为传播层，为了更好地了解高阶邻居之间的相关性，本书将更多的传播层叠加起来，以了解节点的特征表示，并通过组合多个订单实体的表示来生成最终用户的表示和农产品的特征。这种高级别连接对于编码协作，尤其是估计用户和农产品之间的相关值至关重要。通过叠加传播层，用户和农产品可以从邻居节点获取信息。具体地，在每一层信息传播后，用户即可获得其特征表示。具体公式如下：

$$e_u^{(l)} = \sigma\left(e_u^{(l-1)} + \sum_{i\varepsilon N_u} m_{u<-i}^{(l)}\right) \tag{4-11}$$

$$m_{u<-i}^{(l)} = p_{ui}(W_{t1}^{(l)} e_u^{(l-1)} + W_{t2}^{(l)}(e_u^{(l-1)} e_i^{(l-1)} + W_{t3}^{(l)} e_{ui})) \tag{4-12}$$

式中，$W_{t1}^{(l)}$，$W_{t2}^{(l)}$ 和 $W_{t3}^{(l)}$ 分别为评分 t 下第 l 层传播层中的可训练参数矩阵。通过叠加 l 层这样的传播层，离目标用户 l 较远的其他用户或农产品也可以对该用户兴趣偏好的学习产生贡献，这就是远距离依赖特征的提取。

2. 层次图

农产品类别中有一个简单而明显的层次结构，类似于树的数据结构形式。为了在类别层面挖掘农产品信息，采用层次图的方法，有效利用农产品层次结构，可更全面地反映农产品特点、更好地描述用户的兴趣偏好。

在进行多次传播得到农产品的特征表示后，使用聚类方法对用户和农产品进行聚类，聚类簇的特征将被表示为类内所有用户或农产品特征的平均，将得到的聚类簇节点进行连接得到新的更粗粒度的层次二部图。这个新的层次二部图的构建方法为：当用户聚类簇 C_u 内任一用户和农产品聚类簇 C_i 任一农产品之间先前有连接时，C_u 和 C_i 就会相连，新的连接评分和评论的特征值为两个聚类簇之间的所有连接评分和评论的特征值的平均。随后，在这个新的层次二部图上进行传播操作，以获得用户和农产品聚类簇的特征表示。新的层次化的用户和农产品的特征表示即为其所属聚类簇的特征表示。整个过程如图 4.12 所示。

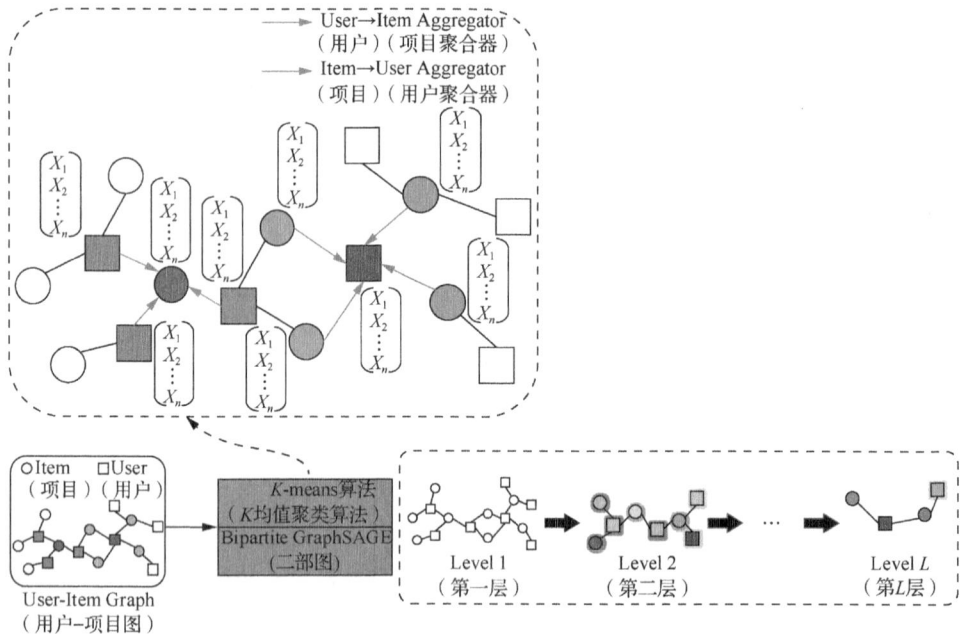

GraphSAGE——graph sample and aggregate，意为"图样本与聚合"。

图 4.12 层次图的构建过程

其中，User 代表用户，Item 代表项目，Level 1～Level L 代表不同标号层次。

具体地，假设 X 为用户和农产品的特征表示集合，Input 表示"输入二部图、用户的初始特征集合以及农产品的初始特征集合[64]，通过多阶传播层得到新的用户和农产品的特征表示集合"这一过程。Z 代表"对用户和农产品节点进行聚类"的过程，G 代表"生成新的层次图和聚类簇特征"的过程，则整个算法生成最终的用户和农产品特征表示集合的过程，如图 4.13 所示。

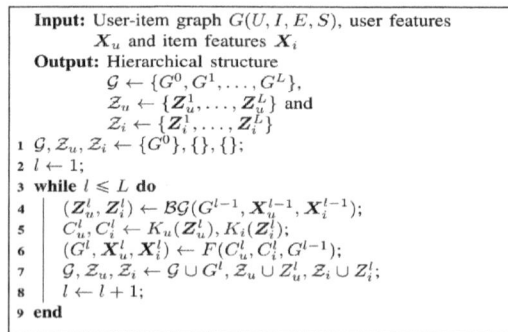

图 4.13 层次图和用户–农产品层次特征表示集合的算法过程

最后，将用户和农产品各层次的特征表示进行拼接，得到最终的更加全面的用户和农产品特征表示。

$$Z_u^H = \text{CONCAT}(Z_u^1, Z_u^2, \cdots, Z_u^L) \tag{4-13}$$

$$Z_i^H = \text{CONCAT}(Z_i^1, Z_i^2, \cdots, Z_i^L) \tag{4-14}$$

式中，CONCAT 表示拼接操作；Z_u^L、Z_i^L 分别表示第 L 层次的用户和农产品的特征表示。

4.3.6　评分预测模块

得到用户和农产品的最终特征表示和 Z_i^H 后，评分预测模块[65]将会计算 Z_u^H 和 Z_i^H 的内积，并将该值通过 S 型函数来预测用户 u 对农产品 i 的评分：

$$r_{ui}' = \sigma(Z_u^H, Z_i^H) \tag{4-15}$$

式中，σ 为 S 型函数，表达式为 $s(x) = \dfrac{1}{1 + \mathrm{e}^{-x}}$，用于把值规范化至[0, 1]区间内。评分预测的过程如图 4.14 所示。

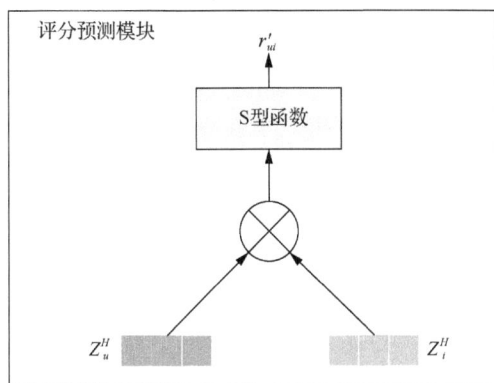

图 4.14　评分预测的过程

4.3.7　图模型训练过程

由于在层次图的构建过程中使用了聚类方法，无法求梯度，因此整个模型不是端到端进行训练，而是分阶段进行训练的。在每次构建新的层次图之前，将使用反向传播算法学习用户和农产品的特征表示，相应的损失函数为

$$L_l = \frac{1}{N} \sum_{(u,i) \in E} \left[\sigma(Z_u^l, Z_i^l) - r_{ui} \right]^2 + \| W \|^2 \tag{4-16}$$

式中，N 表示总训练样本数；u、i 为模型中的所有参数，正则化用于防止模型过拟合。待损失收敛，前一层特征表示学习好之后，再进行下一层的层次图构建和特征学习。

HGAPR 模型在解决农产品推荐问题上具有如下优势。

1）农产品名称、描述信息和其他文字信息应在一定程度上有效地解决农产品推荐中冷启动的问题。用户对农产品的评论以两个图表的边缘形式创建，可以不断改进用户和农产品在传播过程中的特征表现，以便获得更准确的建议。

2）用户购买的连续性在图中编码为用户-农产品。由于农产品更新频率低，因此用户多次购买同一农产品的记录更容易获得。如果用户多次购买农产品，则相应页面上可能会有更多评论。这种连续性被用户和农产品在通过图神经网络传播信息时的特点所捕捉。

3）通过叠加多个传播层，可以更好地了解用户与用户之间的相似性以及农产品与农产品的隐性匹配特性，从而获得更有意义的农产品特征和用户肖像。

4）HGAPR 模型创新的层次结构可以有效捕捉农产品的层次特征。这些层次特征由于农产品层次简单、明显，对农产品特色建设具有有效的补充作用。HGAPR 模型通过分层特征交互确定用户对农产品的偏好，以获得更好的推荐结果。

4.4 HGAPR 模型实验

特色农产品多语言电子商务平台中智能推荐系统的确立过程，是从不同角度检验 HGAPR 模型的有效性和优越性，以调试确立模型。本节首先详细介绍实验中使用的农产品数据集、评价指标和基本比较方法。然后，介绍实验环境和 HGAPR 模型的具体参数，并显示和分析所有的实验结果。最后，介绍参数灵敏度实验，旨在研究模型对 4 个主要参数的灵敏度并进行消融实验，以验证 HGAPR 模型每个模块的有效性。

4.4.1 数据集

本书分析了 8239 名用户对 1216 种农产品的 55231 条评论记录，以及相应的用户评论和产品描述信息，数据集稀疏度为 99.5%。每条数据都可以以用户 ID、商品 ID、商品名称、商品描述、用户评论和用户评分的六元组形式表示，见表 4.1。

表 4.1 数据集示例

数据集字段	内容示例
用户 ID	A2SUAM1J3GNN3B
商品 ID	0000013714
商品名称	山东大樱桃
商品描述	【顺丰空运】山东大樱桃 大连车厘子 京东新鲜水果礼盒 进口车厘子樱桃 车厘子樱桃 2 斤（适合送爱人 28～32mm）
用户评论	水果不错，很好吃，非常甜，挺满意的，一次买了好多水果，对比了好多家，发现还是自营最划算，用了优惠券，再加上满减，价格还能接受，买回来就尝了一下，挺好吃的，下次吃完再来回购，开心!!! 樱桃非常好吃，下次还来买!
用户评分	5.0

对数据集进行预处理后，每名用户发表的评论平均数达到 6.7 条，每名用户评论的平均字符数达到 28.2 个，每条农产品描述的平均字符数达到 24.1 个，词典中词条数目为 9895 个，整个农产品数据集的统计信息见表 4.2。将农产品综合数据集分为训练集、验证集和测试集，按照 8:1:1 比例分成三部分。在训练集数据上进行模型训练，使用验证集来调整模型参数，最后在测试集上测试模型的性能。

表 4.2　农产品数据集的统计信息

用户数量/名	商品数量/种	交互数/条	稀疏度/%
8239	1216	55231	99.5
平均评论数/条	平均评论字符数/个	平均描述字符数/个	词典中词系数目/个
6.7	28.2	24.1	9895

4.4.2　评价指标及基线模型

评分预测任务的一般评价指标是均方根误差（root mean square error，RMSE）。RMSE 值越小，用户预测值与用户实际结果之间的误差越小，即模型推荐效果越好[66]。

为了验证 HGAPR 模型的有效性和优越性，本书将 HGAPR 模型与以下基线模型进行对比。

1）矩阵补全（matrix completion，MC）：与基础的矩阵补全算法对比分析，查看 HGAPP 模型的性能。

2）归纳式矩阵补全（inductive matrix completion，IMC）：一种归纳式的矩阵补全算法，加入了用户和商品特征。

3）图结构矩阵补全（graph matrix completion，GMC）：基于图结构的矩阵补全算法。

4）图正则性交替最小二乘（graph regularity alternating least squares，GRALS）算法：基于交替最小二乘优化法的矩阵补全算法，同时利用了交互图信息。

5）空间回归图卷积神经网络（spatial regression graph convolutional neural network，sRGCNN）：在用户和商品的最近邻图上使用图卷积，并使用递归神经网络以迭代的方式学习用户和商品的特征表示完成矩阵补全。

6）自适应噪声集合经验模态分解（fast ensemble empirical mode decomposition with adaptive noise，F-EAE）算法：一种使用可更换的矩阵层来完成矩阵补全的算法。它通过使用一系列相互替代的矩阵层来学习矩阵的结构和规律，并使用这些信息来预测缺失值，适用于非平稳信号的分解和处理。

7）概率矩阵分解（probabilistic matrix factorization，PMF）：基于概率的矩阵分解算法来完成矩阵补全。

8）协同深度学习（collaborative deep learning，CDL）：利用堆叠降噪自动编码器（stacked denoising auto encoder，SDAE）从物品信息中提取特征，完成推荐。

9）图卷积矩阵补全（graph convolutional matrix completion，GCMC）：使用异质图神经网络来完成矩阵补全。

4.4.3　实验环境与参数设置

1．实验环境

实验使用一台四核的 Intel CPU（Xeon®）CPU E5-2630 v3 @ 2.40GHz 服务器运行，

操作系统为 CentOS 7 操作系统，显卡为 GTX 1080，编程语言为 Python 3.6，深度学习框架为 PyTorch 1.0。实验环境设置见表 4.3。

表 4.3　实验环境设置

环境	说明
操作系统	CentOS 7
显卡	GTX 1080
编程语言	Python 3.6
深度学习框架	PyTorch 1.0

2. 参数设置

HGAPR 模型的主要参数如下：用户–农产品初始特征所代表的维度为 64，特征提取模块中 Attention Bi-LSTM 模型的隐藏维度为 64，分层特征学习中图神经网络的层数为 3 层，每层的输出维度为 64 层。层次图的聚类层数为 2，第一层的聚类中心数量为 15，第二层的聚类中心数量为 10。此外，Adam 优化器的学习速率 0.001，用于更新模型参数并添加丢包率为 0.3% 的 Dropout 层，以避免在学习图神经网络时过度拟合。HGAPR 模型的参数信息见表 4.4。

表 4.4　HGAPR 模型的参数信息

参数	设定数值
用户–农产品初始特征维度	64
Attention Bi-LSTM 模型的隐藏维度	64
图神经网络层数	3
图神经网络每层的输出维度	64
层次图的聚类层数	2
第一层的聚类中心数量	15
第二层的聚类中心数量	10
丢包率	0.3%
Adam 优化器的学习速率	0.001

如果验证集中的模型性能连续 10 个轮次没有提升，并且模型在测试集上进行测试以报告结果，则停止训练过程。

4.4.4　实验结果与分析

为了验证 HGAPR 模型的有效性和优越性，使用该模型将农产品数据集与其他基线模型进行比较，并在数据集上匹配了 HGAPR 模型和基线模型。对于每个模型，本书选择不同的随机种子运行 5 次，并报告平均值和标准偏差。整体实验结果对比见表 4.5。

表 4.5 整体实验结果对比

模型	RMSE 值
MC	0.983（±0.005）
IMC	1.642（±0.012）
GMC	0.992（±0.004）
GRALS	0.948（±0.003）
sRGCNN	0.939（±0.009）
F-EAE	0.955（±0.002）
PMF	1.120（±0.010）
CDL	0.975（±0.003）
GCMC	0.910（±0.005）
HGAPR	0.887（±0.003）

从表 4.5 所示实验结果可以得出如下结论。

1）HGAPR 模型在农产品数据集上获得了最好的表现效果，RMSE 值达到了 0.887，而其他模型的 RMSE 值都在 0.9 以上，这表明 HGAPR 模型相比于其他基线模型在农产品推荐上有很大的效果提升。特别地，相比于常用的归纳式矩阵补全（IMC）算法，HGAPR 模型的性能提升达到了 45.9%。HGAPR 模型优秀的表现结果证明了其在农产品推荐上的有效性。

2）相比于 HGAPR 模型，MC、IMC、PMF 和 CDL 模型都没有从图的角度出发，而是直接在评分矩阵上使用矩阵分解方法，无法捕获用户和农产品之间的多阶深层交互关系，因此效果较差。其中，CDL 模型利用了商品的文本信息，因此效果相比其他模型有所提升；GMC 和 GRALS 虽然利用了图结构，但只是把矩阵分解方法拓展到图上，效果一般；F-EAE 模型使用可变换的矩阵层来进行归纳式的矩阵补全操作，没有使用商品的文本信息，虽然相比之前的方法效果有所提升，但仍不太理想；GCMC 模型虽然从图的角度出发，也使用了图神经网络来学习用户和农产品的特征表示，但是同样没有考虑文本信息，并且也没有考虑农产品数据中存在的层次结构，因此虽然效果相比先前方法取得了非常大的提升，但仍然有进步的空间。

3）HGAPR 模型是从用户-农产品交互图的角度出发，把用户和农产品建模为节点，把用户和农产品之间的交互建模为边，把用户对农产品的评论和评分建模为边上的两种特征，使用强大的图神经网络来学习用户和农产品的特征表示，不仅可以利用用户和农产品之间的交互信息，还可以捕获用户和用户之间的相似性以及农产品和农产品之间存在的特性搭配关系。同时，使用聚类算法构建粗粒度的层次图来学习层次化的节点特征表示，更加契合农产品推荐场景。

4.4.5 参数敏感性实验

本节将分析用户-农产品初始特征维度、图神经网络层数、两层的聚类中心数量组合数和丢包率这 4 个参数对 HGAPR 模型性能的影响。

1. 用户-农产品初始特征维度

为了研究用户-农产品初始特征维度对 HGAPR 模型性能的影响,将特征维度值设定为 64、128、196、256,用于测试或观察实验结果。HGAPR 模型在不同用户-农产品的初始特征维度下的表现结果如图 4.15 所示。

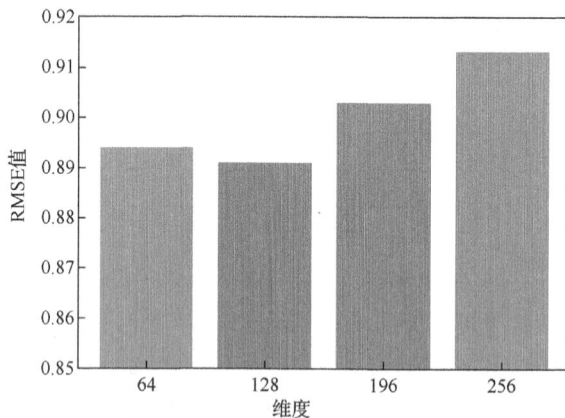

图 4.15　模型在不同用户-农产品的初始特征维度下的表现结果

当维度为 128 时,HGAPR 模型表现最佳。然后,随着维度的增加,HGAPR 模型的效果降低。如果维度为 64,则 HGAPR 模型的性能略低于维度 128 时 HGAPR 模型的性能,但考虑到节省模型空间的原因,选择 64 个维度作为最终用户-农产品特征的初始维度。

2. 图神经网络层数

为了研究图神经网络输出维度对 HGAPR 模型效果的影响,分别设置图神经网络层数为 1、2、3、4,并观察 HGAPR 模型的表现。HGAPR 模型在不同图神经网络层数下的表现结果如图 4.16 所示。

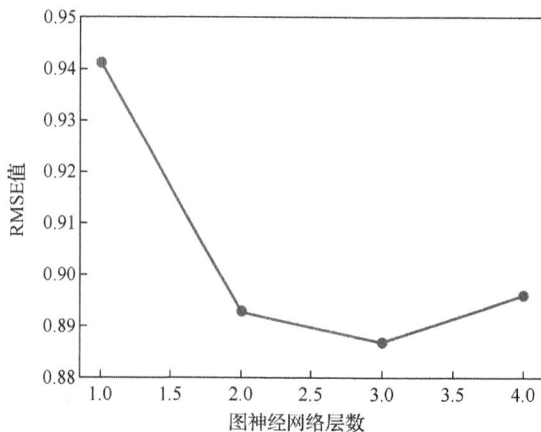

图 4.16　HGAPR 模型在不同图神经网络层数下的表现结果

　　HGAPR 模型在图神经网络层数为 1 时表现较差,因为 1 层图神经网络无法从上端邻居获取信息,也无法捕获用户与用户之间的相似性及农产品与农产品通信的隐性特征,这导致效果变差。层数为 2 时,RMSE 显著降低,模型的性能显著提高。层数为 4 时,HGAPR 模型的性能效果与层数为 2 和 3 时相比略有下降。当图神经网络层数为 3 时,模型的性能效果最佳,故将图神经网络的层数设置为 3。

3. 两层的聚类中心数量组合数

　　以上显示了不同聚类中心组合下的 HGAPR 模型的性能。为了检查层次图中的聚类中心数量对模型的影响,将两层聚类中心的数量定义为(50,20)、(30,20)、(15,10)、(15,5)、(10,5),用于实验和观察模型的性能。从实验结果可以看出,聚类中心数量对结果的影响没有明显的规律。HGAPR 模型在不同聚类中心数量组合数下的表现结果如图 4.17 所示。根据实验结果,第一层的聚类中心数量为 15 个,第二层的聚类中心数量为 10 个时,模型的性能效果最好。

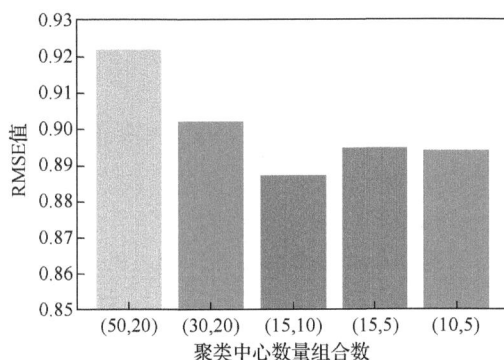

图 4.17　HGAPR 模型在不同聚类中心数量组合数下的表现结果

4. 丢包率

　　传统的 dropout 是指辍学[67],本文中使用丢包率来表示。为了研究丢包率对 HGAPR 模型性能的影响,分别设置丢包率为 0.1%、0.2%、0.3%、0.4%、0.5%进行实验,并观察 HGAPR 模型的表现。HGAPR 模型在不同丢包率下的表现结果如图 4.18 所示。

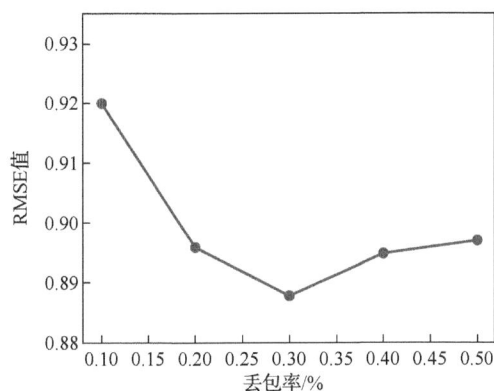

图 4.18　HGAPR 模型在不同丢包率下的表现结果

图 4.18 表明，随着丢包率从 0.1% 增加到 0.3%，RMSE 值逐渐降低，HGAPR 模型的性能逐渐提高。这是由于丢包率在一定程度上避免了 HGAPR 模型的过度拟合，提高了模型的通用性。如果丢包率大于 0.3%，则 HGAPR 模型的效果不会随着丢包率的增加而提高。这表明丢包率为 0.3% 是最佳结果，过高的丢包率会使 HGAPR 模型不稳定，并且适应性会降低。因此，最终选择丢包率为 0.3%。

4.4.6 消融实验

进行消融实验的目的是回答以下问题。

1）特征提取模块中进行文本特征提取时，使用预训练的词向量和不使用预训练的词向量，模型的表现效果有何差异？

2）HGAPR 模型采用的图神经网络与传统的图神经网络，如图卷积网络（graph convolutional network，GCN），GraphSAGE 不同。GCN 的计算涉及基于频域和基于空域两种方式。GraphSAGE 是一种经典的基于空域的算法，相较于这些传统方法，图注意力网络（graph attention network，GAT）是否更适用于农产品推荐？

3）层次化的特征确实能给模型性能带来提升吗？

下面从预训练词向量、图神经网络类型、层次化特征 3 个方面进行回答。

1. 预训练词向量

为了研究预训练的词向量对模型性能的影响，在 HGAPR 模型的特征提取模块中测试了 4 种初始化词向量的方法：Random、Word2vec 预训练词向量的初始化、GloVe 词向量的初始化以及 BERT 词向量的初始化。BERT 的优势在于能够动态生成词向量，解决"一词多义"问题，不仅能解决并发问题，而且能充分把握长距离的依赖性，真正兼顾整体依赖性，从句子层次上实现文本的表征。不同类型的初始化词向量方法的模型效果对比如图 4.19 所示。

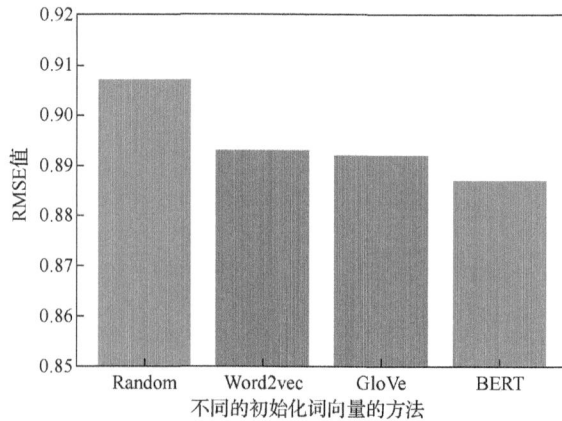

图 4.19　不同类型的初始化词向量方法的模型效果对比

使用预训练的词向量进行初始化可以产生比随机初始化词向量更好的结果。使用

BERT 预训练的词向量的效果最好, 这是由于 BERT 内部使用 Transformer 作为编码器和解码器, 并使用更强大的注意力机制来学习单词的语义特征, 从而解决了单词 "一词多义" 问题的负面影响。因此, 实验最终选择 BERT 预训练的词向量进行初始化。

2. 图神经网络类型

在 HGAPR 模型的通信层使用创新的图神经网络, 可以更有效地利用 "用户"、"农产品" 和 "用户对农产品的评价和评论" 之间的相互作用, 更好地描述用户和农产品的特征表现, 更适合农产品推荐。为了验证图神经网络的优越性, 这里替换了 GCN、GraphSAGE、GAT[68], 并进行了 3 个典型的图神经网络实验。使用不同图神经网络的效果对比如图 4.20 所示。

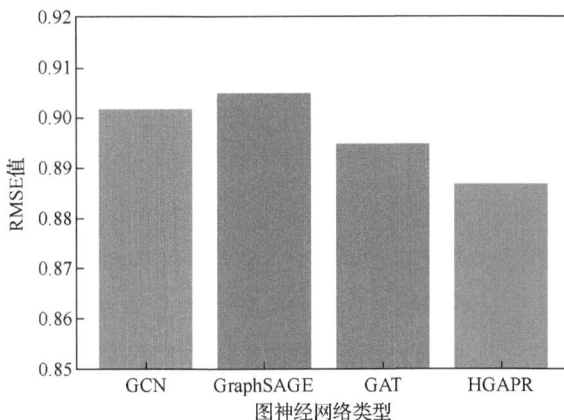

图 4.20　使用不同类型图神经网络的效果对比

如图 4.20 所示, GAT 模型比 GCN 和 GraphSAGE 效果更好, 因为 GAT 模型使用注意力机制更好地捕获用户产品之间的相关程度, 以便获得更好的推荐结果。在 4 种模型中, HGAPR 模型的效果最好, 使用的图神经网络有效地利用了用户对农产品的反馈, 并明确编码了用户与农产品之间的特征相互联系, 使模型学习用户和农产品的特征表现更加强大。

3. 层次化特征

在 HGAPR 模型中, 考虑到农产品简单而明显的层次特征, 采用层次图提取特征的方法, 以充分描述用户和农产品的表征。为了测试这种分层方法的有效性, 进行比较实验。使用层次化特征和不使用层次化特征对比如图 4.21 所示, 其中 HR (hierarchical representation) 代表层次化特征。

从图 4.21 中可以发现, 相比于不使用层次化特征, 使用层次化特征可以带来巨大的提升。这有力地证明了 HGAPR 模型中的层次化构图方法和层次化特征学习的有效性。

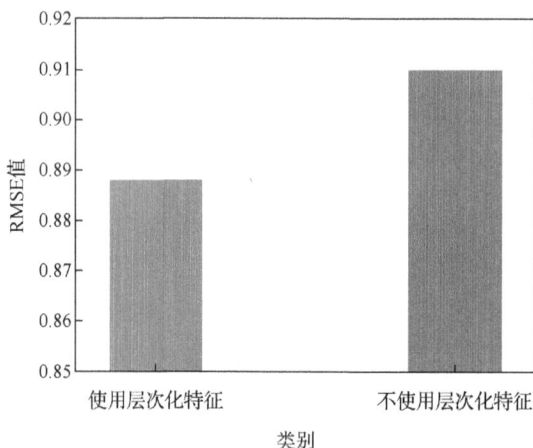

图 4.21　使用层次化特征和不使用层次化特征对比

4.5　特色农产品多语言电子商务平台推荐模块设计

为了验证 HGAPR 模型的实际应用价值，根据层次图推荐的农产品模型设计了特色农产品多语言电子商务平台推荐模块。该模块将农产品数据与 HGAPR 模型相结合，以补充农产品的推荐功能。通过 HGAPR 模型收集相关用户数据，计算用户对农产品的预测值，最后选择用户感兴趣的产品作为农产品的个性化推荐结果。

本节首先对农产品推荐模块的功能和实施情况进行详细的需求分析。然后，根据应用方案和推荐模型的属性，对模块的整体架构进行分析和设计，关系数据库系统采用 MySQL，然后使用 B/S 架构实现推荐模块。

4.5.1　推荐模块需求分析

1.　功能需求

推荐模块功能需求如下。

1）收集用户数据：用户数据是推荐系统的根本，训练 HGAPR 模型和生成农产品推荐结果时，需要用户数据的指导，所以该模块的作用就是选择合适的数据供 HGAPR 模型使用。

2）推荐模型训练：推荐模型是推荐系统的核心，当收集的用户数据保存至数据库后，需要对推荐模型进行训练和更新。为了获得准确的推荐结果，需要将该模型整合到推荐系统中，并对模型进行进一步的训练和优化。

3）展示推荐结果：经过 HGAPR 模型的训练，模型可以得到用户对农产品的预测评分，得到预测评分后，就可以按照一定的排序策略挑选出农产品并推荐给用户。

2. 性能需求

为了更好地满足用户的需求，提高用户体验的质量，好的推荐模块不仅要考虑生成推荐的结果，还要考虑以下性能要求。

1）模块的实时特性：随着现代生活节奏的变快，用户对系统反应时间的耐受性越来越低。如果页面打开用时超过 5s，用户很可能会放弃浏览该页面，因此必须不断优化模块的结构和算法复杂性，在不影响模块正常运行的情况下，尽快生成推荐结果并返回给用户。

2）模块的准确性：推荐模型产生的输出结果可能是用户并不完全感兴趣的农产品，因此为了最大限度地提高推荐准确性，可以使用用户的反馈信息来更新模型，也就是目前比较流行的提示学习（prompt learning），同时通过充分控制推荐的农产品数量达到精准推荐的目标。在可能的情况下，帮助用户探索他们对农产品的兴趣。

3）模块适应性：推荐模块必须不断修改和优化，以满足全球平台的商业逻辑要求，这就要求在编写代码时不仅要保留正确的界面，还要规范代码的编写、注释代码文件等。

4）模块的稳定性：随着用户和农产品数量的增加，模块必须有一定的容错率。特别是在处理和计算用户数据时，需要严格控制数据格式，避免由于某些数据丢失而导致推荐模块崩溃和瘫痪。

4.5.2　推荐模块设计

1. 架构设计

推荐模块的架构不仅取决于应用该模块的场景，还取决于模块所使用的推荐模型[69]。特色农产品多语言电子商务平台本身拥有更多的用户和农产品，HGAPR 模型采用深度学习技术，也增加了时间成本。为了保证推荐结果的实时性及准确性，使用离线计算、在线存储和定期更新模型进行结构化。HGAPR 模型推荐模块架构如图 4.22 所示。

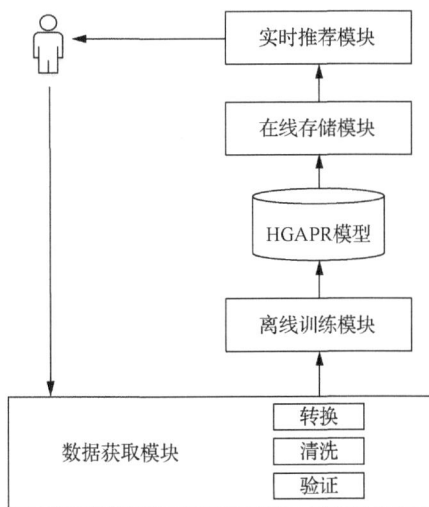

图 4.22　HGAPR 模型推荐模块架构

1）数据获取模块：该模块的作用是从日志或其他文件中收集用户或农产品的初始数据，但这些初始数据并不能直接使用，一般还需要对初始数据进行验证、清洗和转换等，之后才能获得 HGAPR 模型所需要的训练样本。

2）离线训练模块：考虑到用户和农产品数量较大的情况，从数据获取模块获得训练数据以后，用离线的方式训练 HGAPR 模型，得到所有用户的所有农产品的表征用于后续推荐。

3）在线存储模块：在线用户使用推荐服务时对实时性要求较高，如果延迟较高，会严重影响用户的使用体验。因此为了快速响应前端的请求，一般需要使用分布式文件系统等在线工具来存储模型的预测数据。

4）实时推荐模块：该模块负责进一步对农产品推荐结果进行处理，即根据推荐结果，将待推荐农产品的编号、名称、介绍图等信息通过网页呈现给用户。

2. 数据库设计

推荐模块使用了 MySQL 数据库，为了方便用户和农产品数据进入模型计算，将训练模型所需要的数据分别存入用户评论数据表和农产品数据表，见表 4.6 和表 4.7。为了方便后续加入其他推荐模型，两个表中还存入了部分与模型训练无关的数据，从而提高该推荐模块的扩展性。

表 4.6　用户评论数据表

字段名	类型	是否为空	备注	注释
review_id	varchar（20）	否	主键	用户评论 ID
user_id	varchar（20）	否	—	用户 ID
product_id	int（20）	否	—	农产品 ID
review_text	text	否	—	用户评论
overall	int（2）	否	—	用户评分
reviewTime	datetime	否	—	评论时间

表 4.7　农产品数据表

字段名	类型	是否为空	备注	注释
product_id	varchar（20）	否	主键	农产品 ID
product_name	varchar（20）	否	—	农产品名称
price	float（10,2）	否	—	价格
image_url	varchar（255）	否	—	图片链接
description	text	否	—	农产品描述
category	varchar（50）	否	—	所属分类
brand	varchar（50）	否	—	品牌
unixTime	datetime	否	—	上架时间

需要说明的是，数据表中只保存推荐模型生成的推荐列表中的农产品 ID。为了方便存储，把农产品 ID 拼接起来组成 product_list 字段集。农产品推荐数据表见表 4.8。

表 4.8 农产品推荐数据表

字段名	类型	是否为空	备注	注释
user_id	varchar（20）	否	主键	用户 ID
product_list	varchar（255）	否	—	推荐农产品 ID 列表
recom_time	datetime	否	—	生成推荐的时间

4.5.3 推荐模块实现

1. 搭建环境

使用 B/S 架构进行特色农产品多语言电子商务平台农产品推荐模块的实现[70]，这种实现方式具有开发简便、扩展性高、可移植性强等特点。搭建该推荐模块所使用的环境见表 4.9。

表 4.9 环境配置表

开发环境	版本
运行平台	Windows 10 专业版
处理器	Intel Core i5-2430M
数据库	MySQL 5.6
开发语言	Java,CSS,HTML 5
开发工具	IntelliJ IDEA 2019.3.4

2. 界面实现

当用户进入推荐模块时，推荐模块会根据用户对农产品的评价等历史信息为用户推荐农产品。推荐结果包括农产品名称、价格和信息描述，如图 4.23 所示。

图 4.23 推荐界面

该推荐模块还为用户提供了农产品检索功能，这里使用开源 Elasticsearch（弹性搜索）与 MySQL 数据库实时同步的方式，完成对农产品的完整检索。先选中系统界面的检索框，再输入想要检索的内容，以"白酒"为例，单击█按钮后，系统就会生成此次检索的结果，如图 4.24 所示。

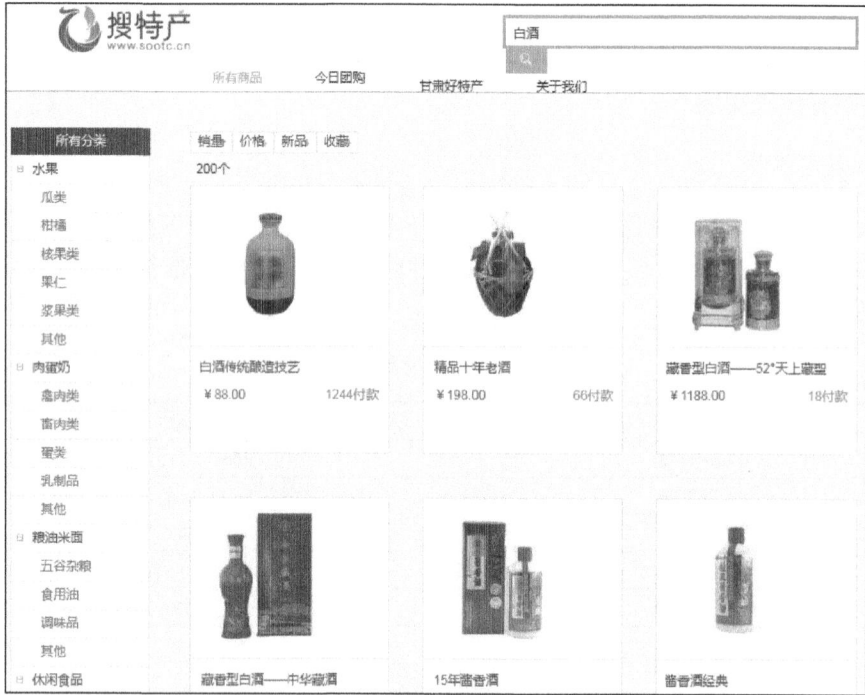

图 4.24　系统检索页面

3. 农产品推荐实现

推荐模块为用户进行农产品推荐的整体过程如图 4.25 所示。

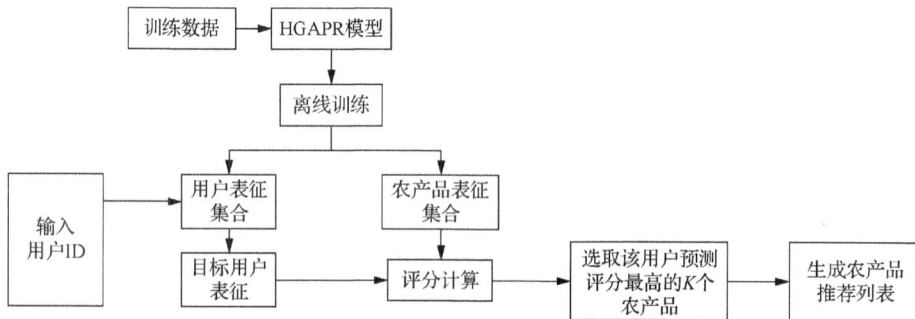

图 4.25　推荐模块推荐农产品的整体过程

下面以 ID 为"A2SUCK153GCL5D"的用户为例。在为该用户进行推荐之前，HGAPR 模型已经通过离线训练得到所有用户和所有农产品的表征并存储到服务器中。

当需要为该用户进行推荐时，推荐模块首先从用户表征集合中查找得到该用户的特征向量，之后用该用户的特征向量 z_u 和所有农产品的特征向量 $z_i(i \in I)$ 来计算该用户对所有农产品的预测评分 $r'_{ui} = S(z_u \cdot z_i)$。其中，$I$ 为所有农产品集合。最终选取预测评分最高的 K 个农产品作为推荐结果，一般设定 K 的值为 10。生成的推荐结果如图 4.26 所示。

```
请输入用户ID: A2SUCK153GCL5D
recommendation list =
            '川羌妹风干牛肉干'
            '安多牧场 手撕牦牛肉'
            '五香味鹌鹑铁蛋无壳卤蛋'
            '康县野生核桃'
            '开封五香蒜香花生米'
            '安多红 三菇牦牛肉酱'
            '新疆纸皮核桃'
            '猪肉脯手撕'
            '东北小香菇'
            '务川百香果'
```

图 4.26　生成的推荐结果

最终，对 ID 为 "A2SUCK153GCL5D" 的用户，按照预测评分从高到低进行推荐的结果依次为川羌妹风干牛肉干、安多牧场手撕牦牛肉、五香味鹌鹑铁蛋无壳卤蛋、康县野生核桃、开封五香蒜香花生米、安多红三菇牦牛肉酱、新疆纸皮核桃、猪肉脯手撕、东北小香菇、务川百香果。

第 5 章　商铺智能推荐系统

特色农产品多语言电子商务平台采用 B2B2C（business to business to consumer，一种网络通信销售方式）的模式，因此，商铺推荐也是平台需要解决的关键性技术问题。针对商铺的推荐和针对产品的推荐有所不同，主要针对用户特征对商铺的推荐系统进行研究。

5.1　系统设计思路

由于购物、点评网站上出现的商铺琳琅满目，用户在短时间之内难以从大量商铺中选择符合自己兴趣偏好的商铺，结合用户的年龄、性别、职业等基本属性可以大致推断出用户的浅层兴趣偏好。由于用户的兴趣偏好是动态变化的，因此根据一些固定的基本属性不能准确、及时地跟进用户的喜好。为了更好地挖掘用户的深层次兴趣偏好，提高推荐的精准度，从以下 3 个方面进行设计。

（1）改进并设计融合用户特征的商铺推荐算法

融合用户特征的商铺推荐（user feature fusion for shop recommendation，UFFSR）算法，根据用户的评分及评论特征，将分解类推荐算法和基于评论文本的推荐算法进行融合改进，搭建融合评分和评论用户特征的推荐算法框架（rating and review user feature fusion for recommendation，RRUFFR），在该框架的基础上进一步设计融合用户特征的商铺推荐算法。该算法包含两个子模块，分别是矩阵分解模块和深度网络模块，通过隐因子模型来处理用户的评分矩阵，再利用双通道神经网络从评论中分别挖掘用户的个人偏好信息和商铺的属性特征，最后建立商铺和用户之间的关联关系。

（2）对改进的 UFFSR 算法性能进行验证

在 Yelp 数据集（详细介绍见 5.3.1 节）上使用本书改进设计的 UFFSR 算法进行实验，首先实验要对数据集内的评论文本进行预处理，并设置相关参数，再与其他 5 种算法进行对比分析。由评价指标值可以看出，该算法的预测精度优于其他算法。实验结果表明该推荐算法具有更优的推荐效果。通过分析不同隐因子数目对算法评价指标——RMSE 值和平均绝对误差（mean absolute error，MAE）值的影响，得到在 Yelp 数据集上 UFFSR 算法取得最佳 RMSE 值和 MAE 值的隐因子数目，同时研究融合因子对该算法的影响。实验结果表明融合因子的权重处于 0.2~0.3 区间时，算法整体取得较好的预测精度。

（3）基于 UFFSR 算法，对融合用户特征的商铺推荐系统进行实现

基于 B/S 的设计模式，从系统的用户需求与功能需求出发，对推荐系统的功能模块、系统数据库、架构和算法层进行了详细设计，通过调用 UFFSR 算法进行推荐，展示系统中各重要模块，并用流程图和时序图描述登录注册、管理员运营、推荐流程及其调用算法的过程，最后通过系统截图展示商铺推荐系统的运行效果，从中可以看到推荐结果更加多样化和个性化，有助于改善用户的购物体验。

5.2　融合用户特征的商铺推荐算法

在推荐系统的研究中，如果能够获取用户对物品的评分和评论信息，就相当于在一定程度上了解了用户的兴趣倾向。根据从评分数据、评论文本中挖掘到的用户基本情况、交友圈子以及对物品喜好程度等一系列重要特征，就可以较为清晰地对用户进行画像并探索用户与用户、用户与物品之间的联系，最终根据这些关键信息实现评分预测，并在此基础上实现精准推荐[71]。

由以上可知，评分预测是推荐系统研究领域的重要课题及任务。简单来说，其研究目标就是预测用户对项目的评分。将问题数学形式化，可表示为：给定数据源 $D = (U, I, \text{Others}, R)$，利用用户 U 的评分信息 R 以及其他辅助信息 Others，预测对项目 I 的评分 $\hat{R}$，预测目标接近 R 的内涵意义。

首先对用户特征进行分析，从源数据角度对用户特征进行分类。在定义用户特征、分解类推荐算法和基于评论文本的推荐算法的基础上深入研究，改进并设计了一种融合用户评分和评论的商铺推荐算法框架，分析和说明了数据处理的方法和步骤，并对 UFFSR 算法进行设计实现。UFFSR 算法模型融合了隐因子模型和改进的卷积神经网络模型，将其作为评分预测推荐模型，主要构建分为两个模块：用户特征模块潜在因子模型（latent factor model, LFM）和用户评论特征模块 CNN。LFM 模块用于处理直接的评分数据，得到评分用户特征；CNN 模块用于处理用户的评论数据，得到用户评论特征。接下来对 UFFSR 算法的网络结构进行详细分析，分别说明融合模型两部分的设计思路以及每部分的网络结构、待学习参数及其求导与更新过程。

5.2.1　融合用户特征的商铺推荐算法框架设计

1. 用户特征的分类

传统协同过滤算法按照学习特征主体的不同，大致可分为基于用户和基于物品的协同推荐两大类。在 Yelp 数据集中，除评分信息外还包括评论信息，评论信息的产生源自用户主体的主动行为，因此评论信息应视为用户特征的一种表达方式。

用户特征[72]通常表现为用户的单个属性或者属性组合，本书从源数据角度出发，将用户特征分为两大类：评分用户特征和评论用户特征。评分用户特征是指从评分信息学

习到的用户特征;评论用户特征是指从评论信息学习到的用户特征。

对于早期没有评论信息的数据集,通常使用协同算法或者分解类算法进行学习,此时,无论学习到什么特征,都是对用户交互评分行为的进一步表达,因此称为评分用户特征。对含有评论文本的数据集,可以使用自然语言处理的方式,从评论文本中进一步挖掘用户特征,我们把这类特征称为评论用户特征。

2. 算法框架设计

根据定义的两种用户特征、基于分解类推荐算法以及基于评论文本的推荐算法研究,本书采用融合评分和评论用户特征的推荐算法 RRUFFR 框架。融合模型框架如图 5.1 所示。

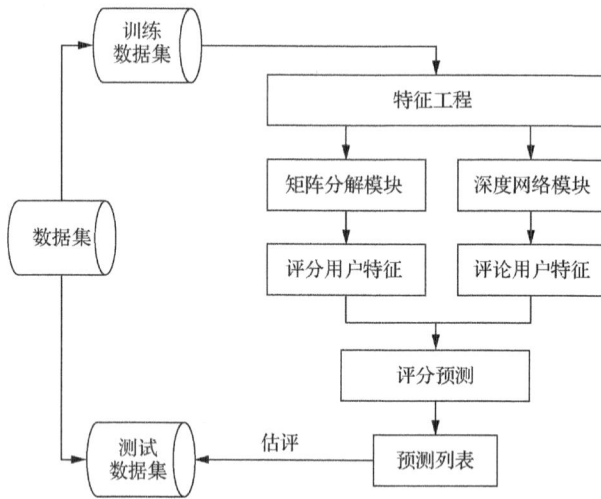

图 5.1　融合模型框架

首先进行数据集划分,设定训练数据集与测试数据集的比例为 8 : 2,整个过程是随机切分的。接下来进行特征工程的处理,对评论文本进行长度规范化处理、删除停用词处理和计算 TF×IDF 值大小处理,再使用经过预训练的 GoogleNews-vectors-negative 300.bin(特征工程使用的方法)得到基于评论文本的用户特征向量和物品特征向量。另一部分处理评分数据,将评分数据输入矩阵分解模块,得到基于评分信息的评分用户特征;将用户特征向量与物品特征向量输入深度网络模块,得到基于评论文本的评论用户特征;然后通过权重因子将两个模块进行连接,通过同一个损失函数进行训练;最后再通过评分预测输出评分,得到融合模型在测试集上的推荐精度。

5.2.2　融合用户特征的商铺推荐算法实现

1. 本节使用符号的定义

本节中使用的一些相关符号见表 5.1。

表 5.1　文中符号表达的意义

符号	说明
R	LFM 部分用户的评分矩阵
P	用户-隐类矩阵
Q	物品-隐类矩阵
f	LFM 部分隐类数目
$p_{u,f}$	用户 u 对隐类 f 的兴趣程度
$q_{i,f}$	项目 i 在隐类 f 中的权重
a	融合因子
R_1	LFM 部分预测的评分
R_2	CNN 预测的评分
$\hat{R}$	整体模型预测的评分
$d^u_{1:n}$	包含 n 个单词的用户评论
$V^u_{1:n}$	用户 u 的词向量
w_{ui}	用户 u 对物品 i 的评论
o_j	卷积层 j_{th}（th 表序数）神经元的输出
n_i	第 i 层神经元个数
K_j	卷积层中第 j_{th} 个核
b_j	卷积核 j_{th} 的偏置
g	全连接层的偏置
z_j	卷积层第 j_{th} 个特征
W	全连接层的权重矩阵
t	卷积核窗口的大小
c	词嵌入的纬度
x_u	Net_u 的输出
y_i	Net_i 的输出
λ	学习率

2. 模型结构

以融合用户评分和评论特征的推荐算法框架为基础，重点对现有推荐算法进行融合改进，设计了融合用户特征的商铺推荐算法，具体思路如下。

矩阵分解模块采用隐因子模型，深度网络模块采用改进的卷积神经网络模型，二者融合，形成融合隐因子模型和基于卷积神经网络的评分预测推荐模型[73]。隐因子模型根据直接评分信息进行 P、Q 矩阵学习，实现预测评分 R_1；双通道卷积神经网络包含两个平行卷积神经网络：用户网络（Net_u）和项目网络（Net_i）。Net_u 更侧重于用户，根据用户发布的评论去挖掘用户的个人喜好特征；Net_i 更侧重于商品，根据针对商品的评论去学习商品自身的特征。卷积神经网络模型最终通过因子分解建立用户与物品间的关联，实现预测评分 R_2。最后使用加权的方式将 R_1、R_2 进行加和，实现综合预测评分 $\hat{R}$。模型总体框架如图 5.2 所示。

由于用户网络 Net_u 和项目网络 Net_i 结构相同，将词嵌入层作为模型的第一层，用户与物品的评论信息被映射为词向量矩阵，作为卷积层的输入；第二、三层作为神经网络层用来挖掘抽象空间中用户与物品的特征属性；第四层则是模型的全连接层。下面以 Net_u 为例详细介绍网络间的实现细节，如图 5.3 所示。

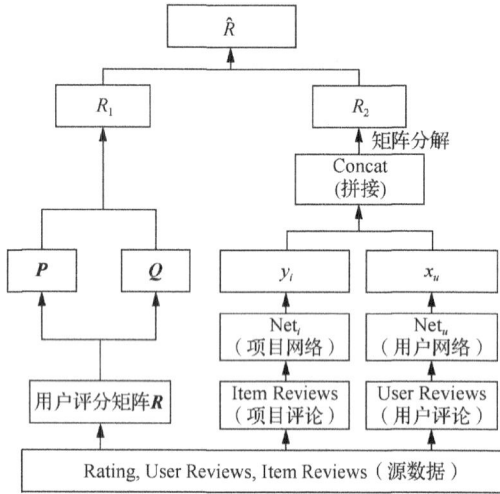

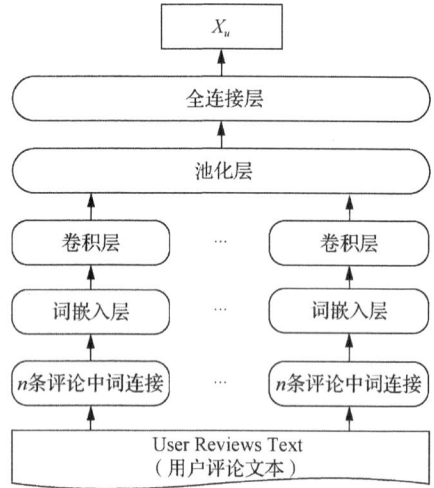

图 5.2　模型总体框架　　　　　　　图 5.3　用户网络 Net_u 的结构

（1）词嵌入层

词向量映射关系 $f: M \rightarrow R^n$，该关系是将字典 M 中的 n 维向量进行映射。本书中 n 的取值为 300。在词嵌入层中，评论文本会作为重要的语义信息，被映射到词向量矩阵，便于挖掘其特征属性。具体过程用数学形式表达为：整合用户 u 的评论词向量，并将其作为文档集合 d，d 包含 n 个词，则用户 u 的评论词向量矩阵 M 为

$$M = \theta(d_1) \oplus \theta(d_2) \oplus \theta(d_3) \oplus \cdots \oplus \theta(d_n) \qquad (5\text{-}1)$$

式中，d_k 表示文档 d 中的第 k 个词，$k = 1, 2, \cdots, n$；$\theta(d_k)$ 作为词 d_k 映射至相应 n 维词向量空间的表示。

（2）卷积层

卷积层主要由不同窗口的卷积滤波器构成，用于挖掘用户评论向量矩阵 M_u，并提取其抽象特征。词嵌入层的输出作为其输入矩阵，而卷积滤波器的窗口通常远小于输入矩阵的大小，由此可提取输入矩阵的局部信息。设神经元数量共 n 个，其中，神经元 j 使用词窗口大小为 t 的卷积核 $K_j \in R^{c \times t}$。故对于 M_u，每个卷积核 K_j 对卷积结果可表示如下：

$$M = f(M_u \times K_j + b_j) \qquad (5\text{-}2)$$

式中，符号"×"表示卷积操作；b_j 表示偏移项；f 是激活函数，修正线性激活单元，表达式为

$$f(x) = \max(0, x) \qquad (5\text{-}3)$$

（3）池化层

一般来说，池化层处理数据的方法有平均值法、求和法、最大池化和池化等。针对

模型架构，需要将从卷积层所获得的特征图向量中包含的噪声特征剔除，因此需要选择合理的池化方法。对于评论文本信息而言，若采用求和法或者平均值法进行池化，会引入噪声，不利于对文本信息的进一步建模，而通过提取最大值方法进行池化，只会提取特征图向量的最大值作为其输入，符合建模需求。因此，选择最大池化的方法，即一维 MaxPooling，通过最大池化层卷积操作，会将输出 k_i 缩减为大小不变的向量：

$$o_j = \max\{k_1, k_2, k_3, \cdots, k_{(n-t+1)}\} \tag{5-4}$$

式（5-4）表示了一个卷积核的操作结果。该模型为提取多种不同特征，共使用了 k 个卷积核，则输出向量表示如下：

$$O = (o_1, o_2, o_3, \cdots, o_k) \tag{5-5}$$

（4）全连接层

数据处理结果经过第二个卷积层后进入全连接层，最终得到关于用户 u 的高级抽象特征向量，表示为 $F_u \in R^{d \times 1}$，数学表达式如下所示：

$$F_u = f(W \cdot O + b) \tag{5-6}$$

式中，将全连接层的权重参数表示为 W 矩阵；偏移项为 b。最后，可以得到用户卷积网络 Net_u 的输出 x_u 以及物品卷积网络 Net_i 的输出 y_i。

池化操作的输出向量 W 可以认为是卷积滤波器提取的初始有效特征，进一步经过深度神经网络的非线性组合，形成更高一级的抽象特征向量 $F_u \in R^{d \times 1}$。通常来看，诸如价格、质量、流行程度等都可作为高一级的特征属性。但是，通过卷积层与池化层所能提取的一般是评论文本信息中的单一属性。

然而，现实中大量用户真正倾向的并不是物品的单一优势特征，而是多种优势特征的合理组合。如果不经过全连接层，只利用矩阵分解进行建模，可能会因为某单一属性给出高分，但是这个物品的其他属性却并不是很好，实际中用户更看重的是物品的综合信息，往往会给出低分，这样会导致模型的参数学习不充分，对后续推荐效果产生不利影响。因此，全连接层的非线性组合在文本信息处理与提取方面起着关键作用。

（5）共享层

为准确预测用户对物品的评分，需要将处于不同特征空间的用户及物品特征 x_u、y_i 映射到相同特征空间。那么，需要将 x_u 与 y_i 进行拼接，得到 $\hat{z}$。具体表示如下：

$$\hat{z} = x_u \oplus y_i \tag{5-7}$$

式中，$\oplus$ 为拼接操作。

所得到的向量既保留了用户与物品的隐藏特征信息，又在一定程度上含有两者的交集信息，因此为了进一步获得该相互作用，选择因子分解机模型作为评分预测函数，具体公式如下：

$$R_2 = w_0 + \sum_{i=1}^{|\hat{z}|} w_i \hat{z}_i + \sum_{i=1}^{|\hat{z}|} \langle v_i | v_j \rangle \sum_{j=i+1}^{|\hat{z}|} \hat{z}_i \hat{z}_j \tag{5-8}$$

$$V = \begin{pmatrix} v_{11} & \cdots & v_{1k} \\ \vdots & \ddots & \vdots \\ v_{|\hat{z}|1} & \cdots & v_{|\hat{z}|k} \end{pmatrix} = \begin{pmatrix} v_1 \\ \vdots \\ v_{|\hat{z}|} \end{pmatrix} \tag{5-9}$$

式中，$|\hat{z}|$ 是特征向量 $\hat{z}$ 的纬度；$w_0 \in R$ 为全局偏差；$w_i \in R$ 为特征向量中第 i 个变量的权重；$V \in R^{|\hat{z}| \times k}$ 为系数矩阵；$\langle v_i | v_j \rangle$ 为稀疏矩阵第 i 维与第 j 维向量的点积。

LFM 的部分则相对简单，评分预测公式如下：

$$R_1 = \sum_1^f p_{u,f} q_{i,f} + \mu + b_u + b_i \tag{5-10}$$

式中，R_1 为 LFM 部分的预测得分；μ 为训练集内部全部评分记录的全局平均数，代表训练数据总体评分情况，对于固定数据集，则为常数；b_u 为用户偏置，代表某用户的习惯性打分行为；b_i 为物品偏置，代表某特定物品得分情况。需要说明的是，μ 是一个统计值，b_u 和 b_i 则需通过模型训练得出。

融合模型的预测评分可以表示为隐因子模型的输出和卷积神经网络模型输出的加权和，即综合预测评分以下公式所示：

$$\hat{R} = a \times (R_1) + (1-a) \times R_2 \tag{5-11}$$

式中，$\hat{R}$ 为模型总体预测评分；a 为融合因子，控制隐因子模型输出所占权重；$(1-a)$ 则表示控制卷积神经网络模型输出所占权重。

3. 模型训练

网络模型训练过程[74]可分为前向传播和后向反馈两个过程，分别说明如下。

（1）前向传播过程

1）为加快网络模型的收敛速度，本书将词汇和评论的向量表示进行预训练，然后将预训练好的初始向量输入网络。

2）为保证网络中每一层参数的输入、输出数据分布方差的一致性，采用 Xavier 方法对网络权重进行初始化。参数方差服从以下均匀分布：

$$W \sim U\left(-\frac{\sqrt{6}}{\sqrt{n_i + n_{i+1}}}, \frac{\sqrt{6}}{\sqrt{n_i + n_{i+1}}}\right) \tag{5-12}$$

3）为缓解梯度消散，卷积层和全连接层使用 ReLU 函数。在网络前向传播过程中数据从前向后传递，学习特征的抽象表达，直至达到最后输出层，输出用户对商品的预测评分 R_2。

（2）后向反馈过程

1）损失函数 Loss。为将预测评分 $\hat{R}$ 与实际评分 R 之间的差值作为最小化目标，表示如下：

$$\begin{aligned}
\text{Loss} = \hat{R} - R &= a(R_1 - R) + (1-a)(R_2 - R) \\
&= a\left\{\sum_{(u,i) \in K}\left(r_{ui} - \sum_1^f p_{u,f} q_{i,f}\right)^2 + \lambda\|p_u\|^2 + \lambda\|q_i\|^2\right\} \\
&\quad + (1-a)\left\{w_0 + \sum_{i=1}^{|\hat{z}|} w_i \hat{z}_i + \sum_{i=1}^{|\hat{z}|}\langle v_i | v_j \rangle \sum_{j=i+1}^{|\hat{z}|} \hat{z}_i \hat{z}_j\right\}
\end{aligned} \tag{5-13}$$

式中，r_{ui} 为用户 u 对物品 i 的实际打分。

2）参数学习过程。此融合模型中的主要参数是 **P** 矩阵、**Q** 矩阵、神经元权重和偏置，这些参数共同决定了模型输出的准确性。通过对目标函数梯度进行求解，可将预测误差从最后一层向前传播，并逐层更新网络参数。待学习参数 $p_{u,f}$、$q_{i,f}$、w_0、w_i、$v_{i,f}$ 的求偏导过程如以下公式所示。

$$\frac{\partial \mathrm{Loss}}{\partial p_{u,f}} = a\left[-2q_{i,f}\left(r_{ui}-\sum_{f=1}^{F}p_{u,f}q_{i,f}\right)+2\lambda p_{u,f}\right] = a(-2q_{i,f}e_{u,i}+2\lambda p_{u,f}) \tag{5-14}$$

$$\frac{\partial \mathrm{Loss}}{\partial q_{i,f}} = a(-2p_{u,f}*e_{u,i}+2\lambda q_{i,f}) \tag{5-15}$$

$$\frac{\partial \mathrm{Loss}}{\partial w_0} = 1-a \tag{5-16}$$

$$\frac{\partial \mathrm{Loss}}{\partial w_1} = (1-a)z_i \tag{5-17}$$

$$\frac{\partial \mathrm{Loss}}{\partial v_{i,f}} = (1-a)\left(z_i\sum_{i=1}^{n}\boldsymbol{v}_j\boldsymbol{z}_j - v_{i,f}\boldsymbol{z}_i^{\,2}\right) \tag{5-18}$$

使用梯度下降法进行参数更新，从而进一步得到待学习参数 $p_{u,f}$、$q_{i,f}$、w_o、w_i、$v_{i,f}$，更新后的计算公式如下所示：

$$p_{u,f} := p_{u,f} - \beta\frac{\partial \mathrm{Loss}}{\partial p_{u,f}} \tag{5-19}$$

$$q_{i,f} := q_{i,f} - \beta\frac{\partial \mathrm{Loss}}{\partial q_{i,f}} \tag{5-20}$$

$$w_0 := w_0 - \beta\frac{\partial \mathrm{Loss}}{\partial w_0} \tag{5-21}$$

$$w_i := w_i - \beta\frac{\partial \mathrm{Loss}}{\partial w_i} \tag{5-22}$$

$$v_{i,f} := v_{i,f} - \beta\frac{\partial \mathrm{Loss}}{\partial v_{i,f}} \tag{5-23}$$

式中，β 为学习率。

最后，通过前向传播和后向反馈运算依次迭代完成模型的训练。

5.3　UFFSR 算法实验

本节将对改进后的 UFFSR 算法进行可行性及有效性验证。首先对实验进行前期准备，包括数据集、评价指标、软硬件实验环境等；随后围绕文本处理的相关操作进行分析说明，并研究用于对比实验的其他算法和相应参数设置情况；最后对实验结果进行重点分析：一方面是改进后的 UFFSR 算法与对比算法的整体推荐精度分析，另一方面是模型超参数对实验结果影响的分析。

　　首先对实验过程中采用的 Yelp 数据集进行说明,并对数据集进行一些基本统计分析,引入实验结果评价指标。接着研究实验过程中的文本处理方式以及参数设置方法。此外,给出 5 种实验对比算法;在相同的数据集和实验环境下,对所改进的 UFFSR 算法进行代码实现。每次实验采用五折交叉验证的实验方式,验证分析所有对比算法和改进的 UFFSR 算法。结果表明,本书改进后的 UFFSR 算法在 Yelp 数据集上的处理结果优于其他 5 种实验对比算法。为了证明 UFFSR 算法两个子模块的有效性,分别与奇异值分解(singular value decomposition,SVD)算法、SVD++算法、非负矩阵分解(non-negative matrix factorization,NMF)算法对比验证矩阵分解模块的有效性,与基于卷积神经网络的推荐算法(deep cooperative neural networks,DeepCoNN)、评论级解释的神经注意回归模型(neural attentional regression model with review-level explanations,NARRE)对比验证深度网络模型的有效性。最后,针对权重因子对实验结果的影响进行分析论证。

5.3.1　实验条件

1. 实验数据集

　　为向用户提供精确的个性化商铺推荐服务,充分评估文中所研究改进的 UFFSR 算法的有效性。本实验采用 Yelp 数据集来验证该算法的性能。

　　Yelp 数据集[75]是一个关于点评网站的大型数据集,涵盖商铺、点评和用户数据,其中包含有 6 个 JSON 文件,分别是 business.json(交易表)、user.json(用户表)、review.json(评论表)、checkin.json(签到表)、tip.json(建议表)和 photo.json(图片表)。其中,交易表中包含大量的信息,包括商铺名称、评价数量、星级评分、地理位置、营业时间以及用户较为关注的其他重要因素,如预定方式、可否外带、有无 Wi-Fi、有无停车场等商铺属性,评论表中则包含关于星级打分、评价喜好、评价点赞、评价时间等关键信息。通过对交易表数据进行过滤,保留商铺评价相关数据,从商铺获取的评价文本构成了该项目的语料库,共包含约 100 万条的评论与评分信息。

　　数据集含有的商铺数目(items)、用户数目(users)、评论数目(reviews)、平均评论数(review per user)、平均词数(words per review)以及数据集密度(density)等统计信息见表 5.2。下面分别给出数据集密度(density)、平均评论数(review per user)、平均词数(words per review)的计算公式。

$$\text{density} = \frac{n(\text{ratings})}{n(\text{users}) \times n(\text{items})} \tag{5-24}$$

$$\text{review per user} = \frac{n(\text{words})}{n(\text{users})} \tag{5-25}$$

$$\text{words per review} = \frac{n(\text{words})}{n(\text{reviews})} \tag{5-26}$$

式中,$n(\text{ratings})$ 为评分数量;$n(\text{users})$ 为用户数量;$n(\text{items})$ 为商铺数量;$n(\text{words})$ 表示所有单词数的加和。

表 5.2　数据集统计信息详情

数据集	类别					
	users	items	reviews	density	review per user	words per review
Yelp	1637138	192606	6685900	0.02‰	4.1	111.6

数据集密度（density）是表征数据集稀疏程度的指标。由表 5.2 知，Yelp 数据集的密度为 0.02‰，由此可见，常见的评分数据集都是非常稀疏的。

数据集内长短文本的分布统计见表 5.3，可视化展示如图 5.4 所示。

表 5.3　数据集内长短文本的分布统计

数据集	文本集长度			
	0~50	50~150	150~300	300 以上
Yelp	30.8%	46.3%	17.4%	5.5%

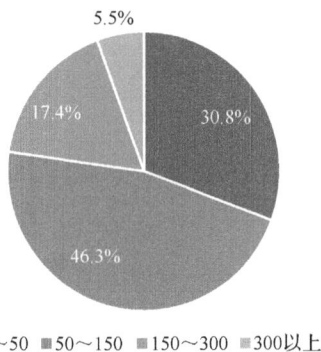

图 5.4　数据集内长短文本的分布可视化展示

数据集的评分分布统计见表 5.4，可视化展示如图 5.5 所示。

表 5.4　数据集的评分分布统计

评分	1	2	3	4	5
个数	1002159	542394	739280	1468985	2933082
百分率	15%	8%	11%	22%	44%

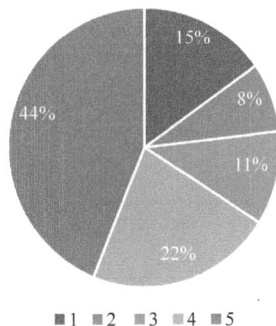

图 5.5　数据集的评分分布可视化展示

在进行实验时，将数据集按照 8：1：1 的比例进行划分，分别作为实验的训练集、验证集和测试集。在数据集上均进行 5 次实验，从训练、验证、测试数据的切分到测试过程结束都是随机的 5 次，这样能够充分保证每次实验的随机性，提升实验结果的正确性。

2. 评价指标

为评价算法在商铺推荐中的应用效果[76]，即评分预测任务的精准度，实验中可选择以平均绝对误差（MAE）、均方误差（mean square error，MSE）和均方根误差（RMSE）作为评价指标，对预测结果的准确性进行评判。

（1）平均绝对误差（MAE）

$$MAE = \frac{\sum\limits_{r_{ij} \in T} |r_{ij} - \hat{r}_{ij}|}{|T|}$$ （5-27）

（2）均方误差（MSE）

$$MSE = \frac{1}{|T|} \sum\limits_{r_{ij} \in T} (r_{ij} - \hat{r}_{ij})^2$$ （5-28）

（3）均方根误差（RMSE）

$$RMSE = \sqrt{\frac{1}{|T|} \sum\limits_{r_{ij} \in T} (r_{ij} - \hat{r}_{ij})^2}$$ （5-29）

式中，r_{ij} 是数据集中用户 i 对物品 j 的真实评分；$\hat{r}_{ij}$ 是实验中用户 i 对物品 j 的预测评分；T 是测试集内用户评分的总数目。

其中，MAE、MSE 和 RMSE 的值越小，代表预测评分与实际评分的差额越小，所得到的预测精度就越高。

3. 实验环境

实验环境信息包括硬件环境和软件环境。

（1）硬件环境

本研究所实现的实验算法（包括相关的对比算法），均在安装 Windows 10 操作系统的计算机上进行，具体硬件信息见表 5.5。

表 5.5　算法实验的硬件环境配置信息

硬件环境	配置信息
操作系统	Windows 10
系统类型	64 位操作系统
处理器	Intel®Core™ i5-10400F @ 2.90GHz
内存	16GB×2
显卡类型	NVIDIAGeForce® GTX 1660 SUPER™
显卡容量	16GB

（2）软件环境

在实验过程中，编程语言为 Python 3.7，具体的软件环境配置信息见表 5.6。

表 5.6　实验平台的软件环境配置信息

软件环境	配置信息
Python 版本	Python 3.7
深度学习框架	TensorFlow 1.13.0
Python 包	NumPy、Pandas、Gensim、Surprise、Matplotlib、Tqdm
集成开发环境	PyCharm、Anaconda

5.3.2　实验设置

1. 文本处理

使用的数据集中包括 1~5 点整数评分和评论文本，不同于数值型评分，评论文本往往会包含一些与语义无关的内容，这些内容包括特殊字符、连词、介词等，对模型的预测精度会产生一定影响。因此需要对数据集中的评论文本进行预处理，具体方法如下。

1）规范化处理。卷积神经网络要求将输入数据的长度进行统一，由平均评论长度统计信息可知，对于 Yelp 数据集，约 95%的评论长度小于 300，因此将评论文本的最大长度设置为 300。

2）删除停用词。停用词就是在文本中出现次数较多但无实际意义的词。常见的中文停用词有"但""且""的"等，英文停用词有"do""if""as"等。本书使用的数据集均是英文数据集，因此本书选取英文停用词表。

3）计算每个单词的 TF×IDF 值。

4）选择 TF×IDF 值的前 8000 个单词作为词汇表。

5）删除评论文本中的所有非语料单词。

6）将单个用户的评论合并组成评论集，使用预训练模型进行向量化表示；将单个物品的评论合并组成评论集，同样使用预训练模型进行向量化表示。

2. 算法对比

实验中，需对每次实验进行 5 次交叉验证，来评价算法的有效性。除本书改进的算法外，还与以下方法比较并将其作为基线模型。

1）SVD 算法：即奇异值分解算法[77]，该算法在协同过滤推荐算法大类中很常用，处理方法是仅将评分矩阵作为模型输入，在低秩矩阵中利用隐空间交互实现评分预测。

2）SVD++算法：该算法以 SVD 算法为基础，引入了隐式反馈等数据作为新的参数。隐式反馈数据有很多种，其中用户对事物的评分、浏览记录等都可以作为隐式反馈信息，只要有类似的隐式反馈信息存在，就表示用户对该事物有一定的兴趣偏好。该算法训练时仅使用评分数据。

3）NMF 算法：即非负矩阵分解算法[78]，以矩阵分解为基础，其基本思路简要描述为，对于给定的任意非负矩阵，利用 NMF 算法总能找到另外两个非负矩阵，使其乘积等于给定的非负矩阵。该算法仅使用评分数据进行训练。

4）DeepCoNN 算法：即基于卷积神经网络的推荐算法，其基本思路为，利用两个并行 CNN 网络对文本信息进行处理，分别针对用户、物品层面的评论，由此得到用户行为及物品属性的特征表示，然后将二者进行连接，利用因子分解机作为共享层，实现用户对物品的评分预测。

5）NARRE 算法：该算法使用注意力机制为每个评论赋予权重，将用户、项目以及评论内容用一个加权函数进行表示并作为多层神经网络的输入。以 DeepCoNN 算法作为参考，对用户和物品的隐含因子特征分别使用两个并列神经网络进行学习，其中，用户网络通过对用户评论进行建模，实现对用户兴趣爱好的学习；物品网络通过物品评论进行建模，实现对物品偏好的学习。最终使用隐因子模型并将其扩展成用于评级预测的神经网络，综合输出预测评分。

3. 参数设置

在实验的参数设置方面，主要参考其他研究人员在实验过程中积累的参数设置经验，具体如下。

（1）说明基准算法的参数设置

对于 SVD 算法和 SVD++算法，学习率取默认值 0.007，正则化参数取默认值 0.02，隐因子数目默认为 20，后续设置为[10,30,40,50,60]进行对比实验，迭代次数为 50 轮。

对于 NMF 算法，正则化项 λ_u 和 λ_i 取默认值 0.06，正则化项 b_u 和 b_i 取默认值 0.02，学习率设置为 0.005，隐因子数目默认为 15，后续进行超参数分析时分别设置为[10,20,30,40,50,60]，迭代次数为 50 轮。

对于 DeepCoNN 算法和 NARRE 算法，词嵌入维度设置为 300，学习率设置为 0.002，丢包率设置为 0.5%，卷积滤波器个数设置为 100，大小设置为 3，每批次样本数默认为 32，后续对比设置为[64,128,256]，迭代次数设置为 10 轮。

（2）本书改进算法的参数设置

由于是融合模型，因此矩阵分解模块参数设置参考 LFM 算法，神经网络模块参数设置参考 DeepCoNN 算法，权重因子默认为 0.2，后续取值为[0.1,0.3,0.4,0.5,0.6,0.7,0.8,0.9]进行对比实验。

5.3.3 实验结果分析

参数设置完成后进行相应实验，每次实验都采用五折交叉验证方法，根据不同算法下的实验结果进行对比分析。为了对模型进行科学、合理地评估，使用均方根误差和平均绝对误差作为评价指标。

1. 算法结果比较分析

所采用方法与各基线模型预测评分的精准度比较评估见表 5.7 和表 5.8，表中标注了每个数据集上的最低 RMSE 值和 MAE 值。此外，为了便于分析，将 SVD、SVD++ 和 NMF 这 3 个分解类对比算法统称为第一类算法，将基于用户评论文本的对比算法 DeepCoNN 和 NARRE 统称为第二类算法。从表中观察并分析，得到以下结论。

表 5.7　算法性能指标 RMSE 值比较

数据集	算法					
	SVD	SVD++	NMF	DeepCoNN	NARRE	UFFSR
Yelp	1.3761	1.3803	1.5401	1.1543	1.1027	1.0215

表 5.8　算法性能指标 MAE 值比较

数据集	算法					
	SVD	SVD++	NMF	DeepCoNN	NARRE	UFFSR
Yelp	1.1403	1.1459	1.2742	0.9113	0.8612	0.7835

1）在 Yelp 数据集上，本书所改进的 UFFSR 算法的表现超过了其余对比算法，其对应的 RMSE 值和 MAE 值均低于其他的对比算法。算法性能整体表现为 UFFSR>NARRE>DeepCoNN>SVD>SVD++>NMF。结果表明，新模型能够提升预测精度，提升推荐算法评分预测的效果，从而可以对用户进行更加精准的推荐。

2）通过使用评论文本和评分的 UFFSR 算法和第二类算法（DeepCoNN、NARRE）与仅使用评分的第一类算法（NMF、SVD、SVD++）进行对比。实验结果表明，在 Yelp 数据集上关于学习更细粒度信息方面，基于评论文本的模型更具优势，更有利于提升评分预测效果。

3）通过将本书研究改进的 UFFSR 算法与第二类算法（DeepCoNN、NARRE）对比可知，相比于未将整体评分信息作为源数据训练的 DeepCoNN 而言，子模块加入评分数据进行矩阵分解的融合算法具有更佳的推荐精度。在保持神经网络一致的前提下，可知矩阵分解子模块的加入着实提升了整体模型的预测精度。

对于 UFFSR 算法，评价指标 RMSE 和 MAE 的值都比其他 5 种算法要低，尤其是相较于第一类算法（NMF、SVD、SVD++）。由于评价指标 RMSE 和 MAE 的值越小，预测评分与真实评分之间的差值也就越小，预测的精度也就越高，因此通过对比实验可发现，UFFSR 算法能够有效提升推荐的精准度。

2. 隐因子模型参数调优分析

对于矩阵模型而言，隐类数目 f 是重要的超参数[79]。因此，有必要对本实验中涉及隐类数目的算法，进行隐类数目对结果的影响分析。

分别设置隐类数目 f 的取值为 8、16、32、64，其他参数保持不变，得到的实验结果见表 5.9 和表 5.10。

表 5.9　不同特征的 RMSE 值比较

隐因子数目	算法					
	SVD	SVD++	NMF	DeepCoNN	NARRE	UFFSR
8	1.3761	1.3754	1.6006	1.1523	1.1027	0.9189
16	1.3767	1.3787	1.5511	1.1498	1.1083	0.9107
32	1.3765	1.3839	1.5269	1.1562	1.1134	0.9105
64	1.3784	1.3933	1.5339	1.1341	1.0852	0.9118

表 5.10　不同特征的 MAE 值比较

隐因子数目	算法					
	SVD	SVD++	NMF	DeepCoNN	NARRE	UFFSR
8	1.1403	1.1377	1.3498	0.9079	0.8437	0.6553
16	1.1410	1.1435	1.2899	0.9046	0.8218	0.6567
32	1.1412	1.1516	1.2508	0.9129	0.8372	0.6563
64	1.1438	1.1642	1.2384	0.8841	0.8491	0.6488

可视化表 5.9 所示的实验结果，得到 Yelp 数据集不同隐因子数目下的 RMSE 值，如图 5.6 所示。

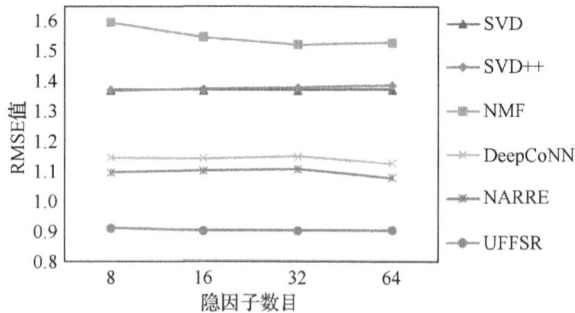

图 5.6　Yelp 数据集不同隐因子数目下的 RMSE 值对比

由图 5.6 可知，在 Yelp 数据集上，NMF 算法性能对于隐因子数目的变化波动最为敏感，尤其是当隐因子数目从 16 上升到 32 时。当隐因子数目设置为 32 时，UFFSR 算法取得最佳 RMSE 值。

可视化表 5.10 所示的实验结果，得到 Yelp 数据集不同隐因子数目下的 MAE 值，如图 5.7 所示。

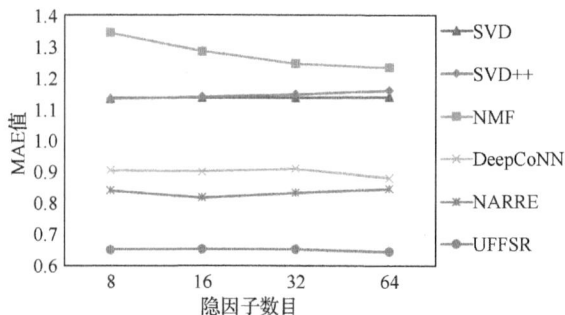

图 5.7　Yelp 数据集不同隐因子数目下的 MAE 值对比

　　根据以上实验结果，容易观察到在 Yelp 数据集上，NMF 算法随着隐因子数目的增加波动比较敏感，尤其是当隐因子数目从 16 上升到 32 时，其余算法隐因子数目的变化对推荐性能波动较小。在 Yelp 数据集上，当隐因子数目设置为 64 时，UFFSR 算法取得最佳 MAE 值。

3. 融合因子对算法结果的影响

　　本研究的重点是融合评分和评论用户特征的融合模型，通过综合预测评分计算公式能够直观感受[80]，融合因子 a 对实验结果的影响非常重要。从显示上看，融合因子 a 控制隐因子模型评分预测的权重，$(1-a)$ 控制卷积神经网络部分评分预测的权重，a 是超参数，对于不同数据集，模型最终的最佳效果并不是一致的，Yelp 数据集上不同权重的 MAE 值和 RMSE 值的对比结果如图 5.8 和图 5.9 所示。

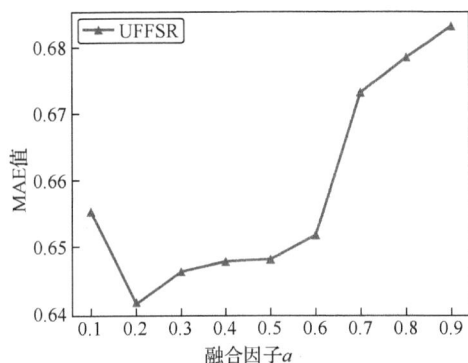

图 5.8　Yelp 数据集上不同权重的 MAE 值对比　　　图 5.9　Yelp 数据集上不同权重的 RMSE 值对比

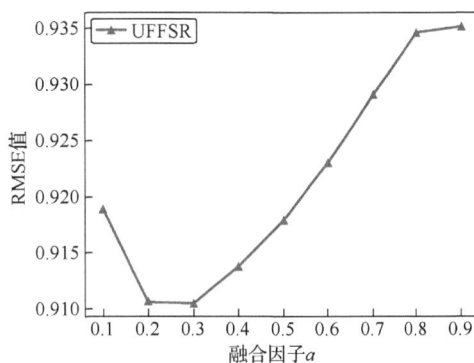

　　从显示上看，融合因子 a 控制隐因子模型评分预测的权重，即矩阵分解模块的权重。从 Yelp 数据集的结果看，当融合因子 a 在[0.1,0.2,0.3,0.4,0.5,0.6,0.7,0.8,0.9]取值范围内，融合模型的权重位于 0.2～0.3 区间时，整体具有较好的预测精度。可以看出，相对于深度神经网络模块，隐因子模块在整体的损失函数上贡献的"损失量"更大，因此需要使权重因子 a 取较小的值。即在评分预测任务中，隐因子模块对于结果的"贡献量"越小，才能使得模型整体取得越好的结果。将评分信息看作用户对商铺的整体评价，而评论文本则是用户对商铺更加细粒度的评价，从权重因子分析中可以看出，局部模型对评分预测的影响比全局模型更大。

5.4　商铺推荐系统设计

　　为将改进后的融合用户特征的商铺推荐算法应用到实践[81]，需要将改进的推荐模型嵌入到一个实际商铺推荐系统中，因此，针对个性化商铺推荐系统的设计与实现方面进行了研究。设计完成后，融合用户特征的商铺推荐系统能够很大程度上解决商铺资源过载问题，可使用户在购物过程中具有更明确的针对性和更多的能动性。该系统能够根据用户历史行为进行建模，从而精准地向用户推荐其可能喜欢的商铺资源，提高用户对平台的忠诚度。

本节首先对融合用户特征的商铺推荐系统需求进行挖掘,从用户功能需求和系统功能需求两个方面进行详细分析。接着对融合用户特征的商铺推荐系统进行总体架构设计,系统总体分为应用层、接口层、算法层及数据层4个部分,每个部分通过不同的接口为上下级提供服务。系统采用 B/S 架构,用户根据浏览器和网站内容进行交互,更便于完成信息共享,而且不受终端的软硬件设备影响,用户通过浏览器可随时访问系统中符合需求分析的内容。然后通过架构实现过程中的分层设计,展示系统的各重要功能模块,包括用户登录注册、用户信息管理、商铺详情信息、商铺推荐结果列表等,同时分析推荐流程及其调用训练的过程。最后通过系统截图展示融合用户特征的商铺推荐系统运行效果。

5.4.1 需求分析

1. 用户功能需求

为了使设计的商铺推荐系统更加符合用户的使用习惯、提升用户的购物体验和便于系统管理员的管理,本书从用户端和管理员端对融合用户特征的商铺推荐系统进行需求分析。

从用户端来看,将用户分为游客和普通用户。游客只能浏览商铺信息,无法对商铺进行评分和评论,因此无法获得系统对其偏好的商铺推荐列表,只能获取系统热门的商铺推荐列表;普通用户可在系统注册页面进行注册,填写用户的基本信息(性别、年龄、邮箱等)和商铺偏好类型。由于新用户在系统中缺乏对商铺的行为属性信息,在用户填写注册信息之后强制用户选择至少3种及以上的商铺类型,用以缓解系统的冷启动问题。系统能对新老用户进行区分,系统对于初次登录的用户,需要具备根据少量信息迅速构建兴趣偏好的能力;对于老用户,能够动态地根据用户兴趣偏好为其提供符合购物情境的个性化商铺。用户登录系统之后,不仅可以对个人的基本信息进行管理,而且可以对浏览、交易的商铺进行收藏、评分、评论和分享等操作。

从管理员端来看,管理员具有对系统的最高权限,能够对用户信息和商铺信息进行维护和管理。管理员使用管理员账号进行登录,一方面可以对用户的信息进行查找、删除、更新和维护等操作,但不可以对用户信息进行修改;另一方面可以添加新的商铺、删除已有的商铺、修改商铺的详细信息,以及按商铺属性条件对商铺进行精确查找。

2. 系统功能需求

(1)构建商家信息展示平台

实现商铺推荐的前提是用户能够了解有哪些商铺的存在并且能够进行选择,首要条件是搭建一个商铺信息展示平台系统。根据使用者对系统权限的不同,将商铺推荐系统分为普通用户端和管理员端,其中普通用户端能让用户在系统上自由查看商铺和评价商铺,具有商铺信息查找、个人信息管理和商铺评价等功能;管理员端主要是使管理员具有管理普通用户和商铺的权限,具备发布商铺信息、修改商铺信息和管理商铺资源等功能。

(2)为普通用户提供个性化商铺推荐

系统实现的最终目的是,能够利用建立的推荐模型让用户在实际购物中体验个性化推荐服务,同时验证融合用户特征的商铺推荐模型的有效性,解决商铺信息过载、用户搜索效率低等问题。本系统以融合用户特征的商铺推荐算法为基础,充分利用用户属性特征以及从用户评论中挖掘出的潜在喜好特征,结合用户的历史操作行为,生成商铺推荐列表,供用户自主选择。

(3)商铺管理

商铺管理部分能够完成对商铺的增加、删除、修改、查找功能,完成商铺信息录入以及支持后续商铺内容的查看。商铺是推荐系统的重要实体,因此商铺数据的保存与更新至关重要。

(4)用户行为管理

商铺推荐系统中用户的行为主要包括用户持续对商铺进行浏览、收藏和打分的行为,这样的打分交互行为需要被记录且作为模型输入数据,参与到模型的计算中,为用户提供实时推荐效果,因此需要对用户行为进行管理。

(5)商铺推荐管理

商铺推荐管理模块作为商铺推荐系统的核心,是最能体现个性化推荐算法的模块,也是连接用户与不同商铺的桥梁,因此该部分需要起到"承前启后"的作用。

5.4.2 系统总体设计

1. 推荐系统总体架构

融合用户特征的商铺推荐系统总体架构如图 5.10 所示。系统选用 B/S 架构,在推荐系统架构设计中选用软件系统设计模块化、分层化的设计思路[82]。系统总体可分为 4 个部分:应用层、接口层、算法层及数据层。每个部分通过不同的接口为上下级提供不同的服务。

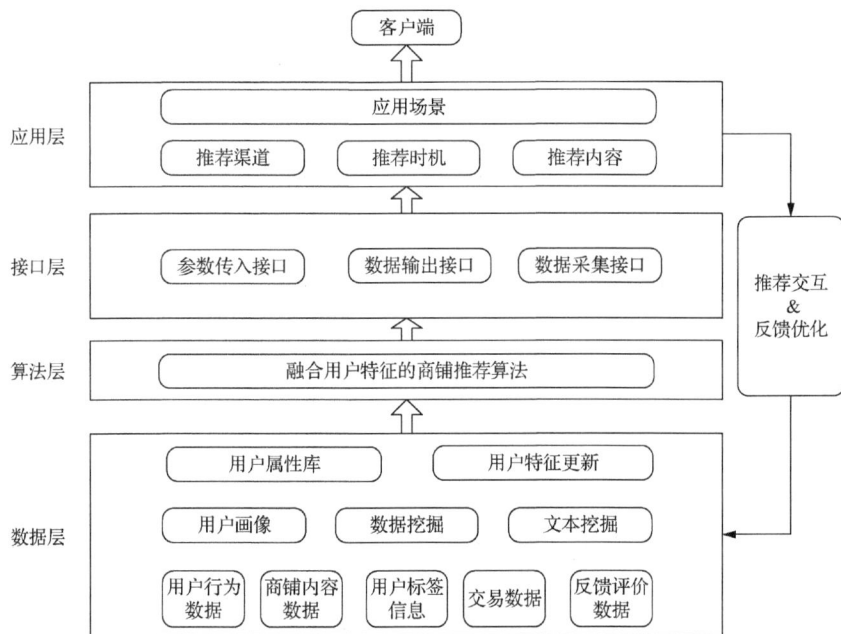

图 5.10 融合用户特征的商铺推荐系统总体架构

应用层的主要目的是为用户提供个性化的商铺推荐。应用层直接面向客户，一方面应用层可向用户推送其感兴趣的信息，促使用户单击，提高用户活跃度，同时给系统用户提供简洁、美观的用户界面（user interface，UI），使用户获得良好的使用体验；另一方面，应用层也方便用户输入相关信息以及为用户展现输出结果。

接口层和算法层是整个系统的核心，运用推荐算法调用数据层的数据，输出推荐内容，同时也将计算过程中产生的数据保存到数据层。接口层和算法层的主要模块包括参数传入接口、数据输出接口、数据采集接口和融合用户特征的商铺推荐算法等。

数据层主要负责整个商铺推荐系统数据的存储，其存储的数据主要用于算法层的计算及在应用层的展示。主要存储数据包括用户行为数据、商铺内容数据、用户标签信息、交易数据和反馈评价数据等。

一个好的推荐系统，必须要有友好的用户交互和丰富有效的用户行为数据，其关系如图 5.11 所示。

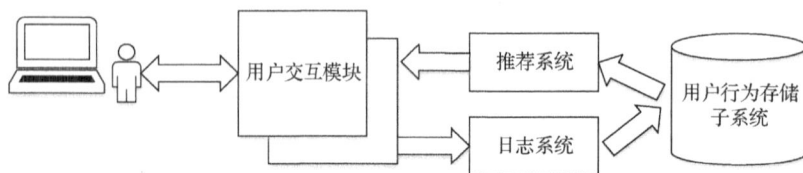

图 5.11　推荐系统与日志系统之间的关系

2. 系统功能模块设计

商铺推荐系统主要包括如下功能模块：登录注册模块、行为交互模块、商铺查看模块、商铺推荐模块及商铺运营模块等，具体如图 5.12 所示。

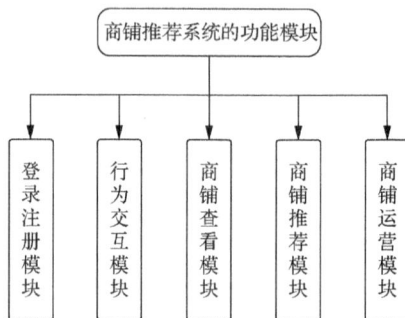

图 5.12　商铺推荐系统的功能模块

（1）登录注册模块

本系统基于 B/S 架构为用户进行推荐，因此登录注册模块应作为系统的第一个模块，新用户通过前端注册界面向后台数据库提交用户名、密码和邮箱等个人注册信息。用户只有在登录系统之后才能使用点赞、收藏、评分、个性化推荐和个人信息管理等功能。没有登录系统的用户属于游客状态，会被系统提醒需要进行登录。登录注册模块的流程如图 5.13 所示。

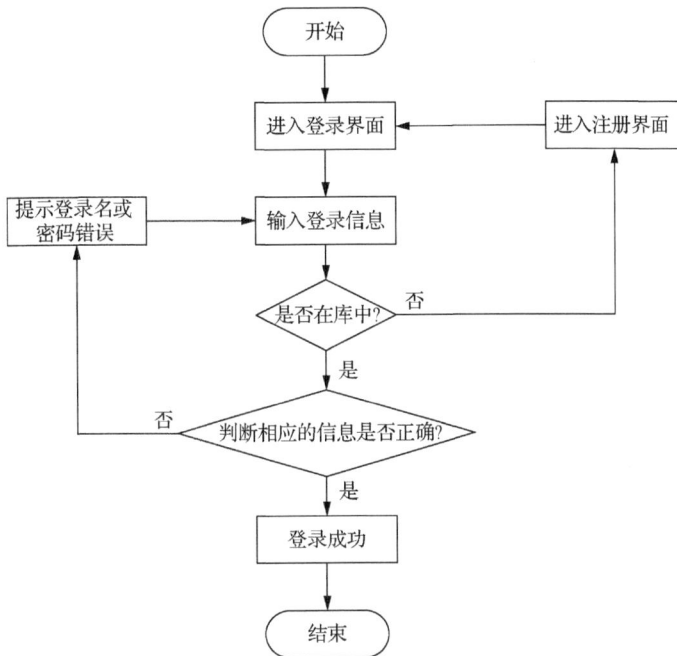

图 5.13　登录注册模块的流程

（2）行为交互模块

行为交互模块是指已登录的用户在系统中对商铺进行评价的过程，需要将此交互过程进行记录，以便再次运行时推荐算法根据历史交互行为及时更新推荐结果。行为交互模块的流程如图 5.14 所示。

如图 5.14 所示，用户在前端可以查看商铺信息并产生新的交互数据，保存到历史行为数据库中，推荐算法根据历史行为数据库对推荐结果进行更新，为用户提供实时的推荐服务。

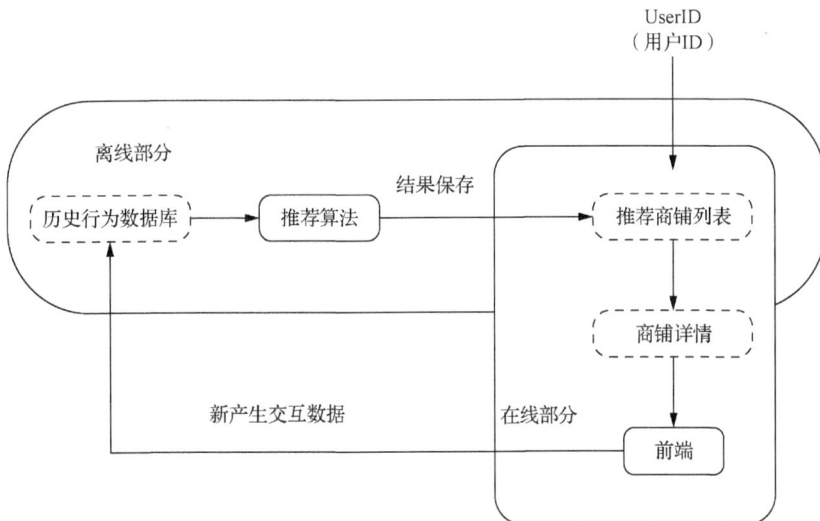

图 5.14　行为交互模块的流程

（3）商铺查看模块

商铺查看模块主要面向系统管理员，管理员需要对后台商铺数据进行更新和维护，包括商铺名称、商铺编号、商铺类型、副标题、浏览数、收藏数、评分、评论数、创建时间和更新时间等详细信息。管理员将商铺的详细属性录入数据库后，需上传商铺的封面图和轮播图。普通用户单击商铺的全部分类后，商铺会按照商铺类型分类展示出来，每个商铺还具有单独的详情页，用户可以发送请求查看特定商铺，对商铺进行更详细的查看，同时可进行评分及评论。

（4）商铺推荐模块

商铺推荐模块通过将用户历史行为数据输入到融合用户特征的商铺推荐模型中进行训练，为每个普通用户生成商铺推荐列表，并保存到相应的推荐列表数据库中。当普通用户登录系统时，根据用户 ID，从推荐列表中获取相应的推荐商铺列表，再从商铺详情表中获取推荐商铺的详情信息，展示到前端页面完成推荐。最后将用户新产生的行为数据存储到历史行为数据库中，完成模型的迭代更新，进行新的循环。

（5）商铺运营模块

商铺运营模块主要用于管理员处理系统中非商铺信息类功能的反馈，包括用户反馈处理、历史记录处理、评分处理等。由于商铺热门排行会受用户的平均评分影响，管理员需要在商铺运营模块中对商铺的评分进行相应调整，并针对异常评分波动进行降频，尽量消除恶意刷分行为的影响。

5.4.3　系统详细设计

根据对个性化商铺推荐系统的需求分析和模块设计，进行面向商铺推荐系统的实体详细设计。本节对系统数据库进行详细设计，其中包括系统 E-R 图和具体的数据表设计。

1. 系统 E-R 图

系统 E-R 图如图 5.15 所示。

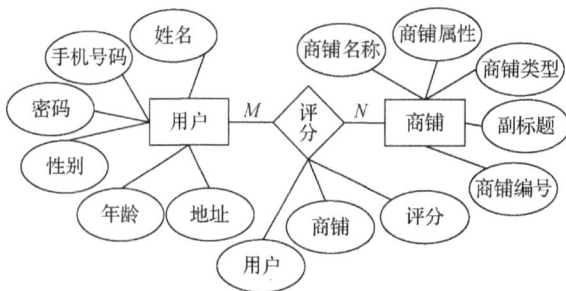

图 5.15　系统 E-R 图

2. 系统数据表设计

系统数据表采用 MySQL 数据库设计，包含以下基本表：管理员用户表、反馈建议表、商铺信息表、商铺推荐结果表、普通用户表、浏览记录表和用户评论表。

（1）管理员用户表

管理员用户表用来完成管理员用户基本信息的存储，其关系模式表示为（主键 ID、姓名、手机号码、用户编码、密码、性别、年龄、创建时间、更新时间）。管理员用户表的结构见表 5.11。

表 5.11　管理员用户表（table_sys_admin）

字段名	描述	数据类型	是否为空（Y/N）
id	主键 ID	bigint（11）	N
name	姓名	varchar（32）	Y
mobile	手机号码	varchar（12）	Y
code	用户编码	varchar（50）	Y
password	密码	varchar（100）	Y
sex	性别	varchar（3）	Y
age	年龄	int（5）	Y
create_time	创建时间	datetime	N
update_time	更新时间	datetime	Y

（2）反馈建议表

反馈建议表主要用于存储普通用户的反馈意见，其关系模式表示为（主键 ID、标题、用户名、用户 ID、内容、创建时间、更新时间）。反馈建议表的结构见表 5.12。

表 5.12　反馈建议表（table_sys_advice）

字段名	描述	数据类型	是否为空（Y/N）
id	主键 ID	bigint（11）	N
title	标题	varchar（32）	Y
user_name	用户名	varchar（12）	Y
user_id	用户 ID	bigint（50）	Y
content	内容	mediumtext	Y
create_time	创建时间	datetime	N
update_time	更新时间	datetime	Y

（3）商铺信息表

商铺信息表主要用于存储商铺的相关信息，其关系模式表示为（主键 ID、商铺 ID、商铺名称、商铺类型、商铺属性、副标题、浏览数目、收藏数目、评分数目、创建时间、更新时间）。商铺信息表的结构见表 5.13。

表 5.13　商铺信息表（table_sys_shop）

字段名	描述	数据类型	是否为空（Y/N）
id	主键 ID	bigint（11）	N
shop_id	商铺 ID	bigint（11）	N
shop_name	商铺名称	varchar（255）	Y

续表

字段名	描述	数据类型	是否为空（Y/N）
shop_type	商铺类型	varchar（50）	Y
shop_brand	商铺属性	varchar（255）	Y
sub_title	副标题	varchar（255）	Y
browse_num	浏览数目	int（10）	Y
favorites_num	收藏数目	int（10）	Y
rating_num	评分数目	int（10）	Y
create_time	创建时间	datetime	Y
update_time	更新时间	datetime	Y

（4）商铺推荐结果表

商铺推荐结果表用于存储推荐模型返回的推荐结果，关系模式表示为（主键 ID、用户 ID、商铺 ID_1、商铺 ID_2、商铺 ID_3、商铺 ID_4、商铺 ID_5、商铺 ID_6、创建时间、更新时间）。商铺推荐结果表的结构见表 5.14。

表 5.14　商铺推荐结果表（table_sys_recommend_result）

字段名	描述	数据类型	是否为空（Y/N）
id	主键 ID	bigint（11）	N
user_id	用户 ID	bigint（50）	Y
shop_id1	商铺 ID_1	bigint（11）	Y
shop_id2	商铺 ID_2	bigint（11）	Y
shop_id3	商铺 ID_3	bigint（11）	Y
shop_id4	商铺 ID_4	bigint（11）	Y
shop_id5	商铺 ID_5	bigint（11）	Y
shop_id6	商铺 ID_6	bigint（11）	Y
create_time	创建时间	datetime	N
update_time	更新时间	datetime	Y

（5）普通用户表

普通用户表用于存储普通用户的注册信息，其关系模式表示为（主键 ID、用户名、手机号码、用户编码、密码、性别、年龄、地址、邮箱、出生日期、个人简介、用户头像、创建时间、更新时间）。普通用户表的结构见表 5.15。

表 5.15　普通用户表（table_sys_user）

字段名	描述	数据类型	是否为空（Y/N）
id	主键 ID	bigint（11）	N
name	用户名	varchar（32）	Y
mobile	手机号码	varchar（12）	Y
code	用户编码	varchar（32）	Y
password	密码	varchar（100）	Y
sex	性别	varchar（5）	Y

字段名	描述	数据类型	是否为空（Y/N）
age	年龄	int（5）	Y
address	地址	varchar（50）	Y
email	电子邮箱	varchar（255）	Y
born_date	出生日期	datetime	Y
introduction	个人简介	varchar（255）	Y
avatar	用户头像	varchar（255）	Y
create_time	创建时间	datetime	N
update_time	更新时间	datetime	Y

（6）浏览记录表

浏览记录表用于对用户的浏览记录进行存储，并作为算法隐反馈，其关系模式表示为（主键 ID、商铺 ID、用户 ID、备注、用户名、商铺名称、创建时间、更新时间）。浏览记录表的结构见表 5.16。

表 5.16　浏览记录表（table_sys_user_shop）

字段名	描述	数据类型	是否为空（Y/N）
id	主键 ID	bigint（11）	N
shop_id	商铺 ID	bigint（11）	Y
user_id	用户 ID	bigint（50）	Y
remark	备注	varchar（255）	Y
user_name	用户名	varchar（255）	Y
shop_name	商铺名称	varchar（255）	Y
create_time	创建时间	datetime	N
update_time	更新时间	datetime	Y

（7）用户评论表

用户评论表主要是指用户在详情页面的评价信息，其关系模式表示为（主键 ID、商铺 ID、用户 ID、备注（评论信息）、用户评分、创建时间、更新时间）。用户评论表的结构见表 5.17。

表 5.17　用户评论表（tb_sys_user_score）

字段名	描述	数据类型	是否为空（Y/N）
id	主键 ID	bigint（11）	N
shop_id	商铺 ID	bigint（11）	N
user_id	用户 ID	bigint(50)	N
remark	备注（评论信息）	varchar（255）	Y
score	用户评分	int（10）	N
create_time	创建时间	datetime	Y
update_time	更新时间	datetime	Y

5.4.4　推荐系统模块设计

1. 推荐结果实现流程

融合用户特征的商铺推荐算法在前面章节中已详细介绍，该算法的核心思想是通过用户对具体商铺的评分特征和评论特征来提取所需数据，进行数据预处理后对其进行模型训练，在此基础上加载交易数据集，预测用户对商铺的评分，提取数据集中用户的历史偏好特征，经过过滤与排序产生相似推荐结果，依据对推荐结果的预测评分的高低，最终得出推荐列表，完成对用户的商铺推荐[83]。其主要步骤是：数据读入、UFFSR 算法、推荐列表生成。融合用户特征的商铺推荐系统处理流程如图 5.16 所示。

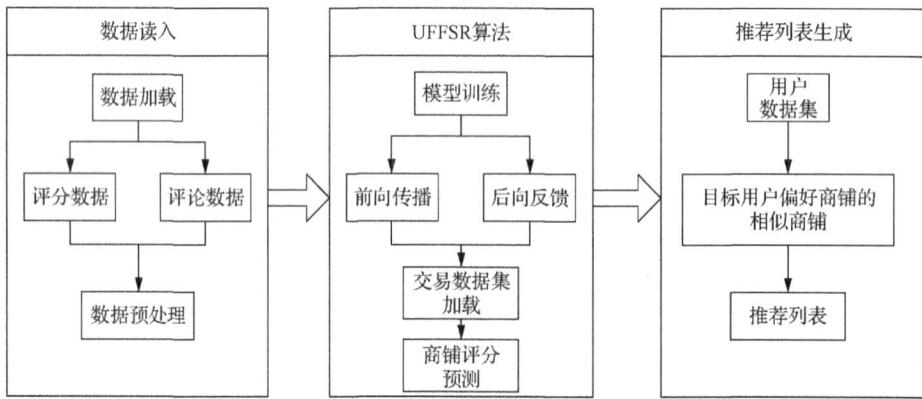

图 5.16　融合用户特征的商铺推荐系统处理流程

（1）商铺评分预测

将用户评分以及评论数据进行预处理后，在一定程度上可对用户进行画像。了解用户对商铺的偏好，再将预处理得到的数据通过两个阶段（前向传播阶段和后向反馈阶段）的模型训练，以此为基础加载交易数据集，实现对商铺评分的预测，作为用户偏好程度的重要参照，供系统推荐引擎的输出使用。

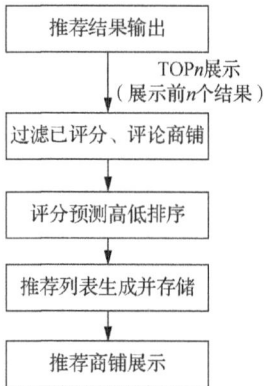

图 5.17　个性化推荐流程

（2）个性化推荐过程

1）用户通过推荐系统的前端交互页面填写评分与评论信息，提交表单后发送至服务器。

2）系统后台存储单元对用户提交的表单数据进行存储，同时从用户 ID 获取历史评论数据。

3）从数据库中获取用户的评分、评论历史数据，然后进行模型训练。

4）加载交易数据集，进行目标用户对商铺的评分预测。

5）对目标用户可能喜欢的商铺进行预测评分排序并选取前 n 个商铺，将推荐结果返回客户端进行展示，并将结果进行缓存以提高访问效率。

个性化推荐流程如图 5.17 所示。

采用 Yelp 数据集，通过对数据进行预处理，根据融合用户特征的商铺推荐算法得出推荐结果，保存至 MySQL 数据库，最终通过 Django 框架进行前端页面展示。在商铺推荐系统的实现过程中，主要用到以下技术栈，见表 5.18。

表 5.18　技术栈及相应的作用

技术栈	作用
Python	进行后台开发，编写推荐算法，和 MySQL 数据库交互，将用户的数据存储到数据库中，并将生成的推荐列表展示到前端页面
HTML5	进行前端页面的开发
CSS3	美化前端页面，特别是对商铺分类模块做处理
jQuery	实现提交表单

2. 登录注册模块实现

登录注册模块用于用户登录系统，首先要保证账号的唯一性和合法性，注册时密码必须符合相应长度，用户登录时必须保证用户名和密码与数据库中一致，否则登录不成功。登录页面和注册页面分别如图 5.18 与图 5.19 所示。

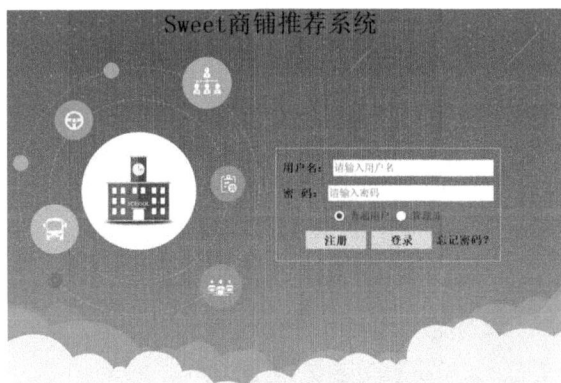

图 5.18　登录页面

图 5.19　注册页面

在新用户填写完注册信息后，由于其在系统中缺乏历史行为数据，系统会存在冷启动问题。为缓解该问题，系统强制用户至少选择 3 个喜欢的商铺类别。用户可以选择与自己兴趣偏好最为接近的 3 个及以上商铺类型，如图 5.20 所示。

3. 个人信息查看与更改

已登录用户可在系统中查看自己的个人信息（用户名、邮箱、手机号码等），还可查看当前用户的历史收藏、评论和评分数据。如果填写信息有误，则可对个人信息（用户名、邮箱、手机号码等）进行更改，如图 5.21 所示。

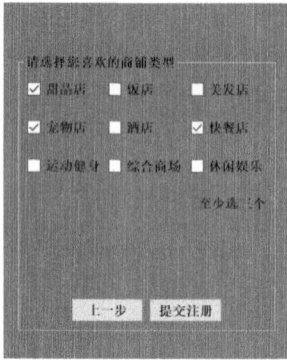

图 5.20　选择商铺偏好类型

图 5.21　个人信息查看与更改

4. 商铺信息查看

当用户登录进入系统后，便可看到如图 5.22 所示的商铺信息列表。如果所推荐的一组商铺不符合用户兴趣偏好，用户可单击"换一组"按钮切换到下一组商铺推荐列表，也可以通过商铺 ID 和商铺属性标签实现对商铺的精确查找。当用户单击查看某商铺时，可看到如图 5.23 所示的商铺详细信息，并且系统支持对商铺收藏、分享等操作。

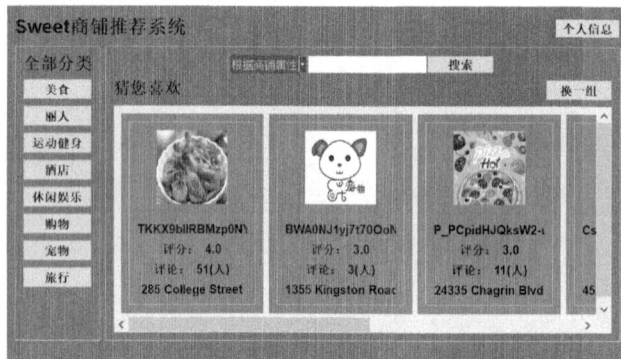

图 5.22　商铺信息列表

图 5.23　商铺详细信息

5. 商铺推荐效果展示

商铺推荐模块通过将用户历史行为数据输入到融合用户特征的商铺推荐模型中进行训练,为每个普通用户生成商铺推荐列表,保存到相应的推荐列表数据库中;当普通用户登录系统时,根据用户ID,从推荐列表中获取相应的推荐商铺列表,再从商铺详情表中获取推荐商铺的详情信息并展示到前端页面,从而完成推荐。

在系统实现上,与源数据 Yelp 数据集一致,用户可以对商铺进行打分与评论,因此可以生产出带有评论信息的评分数据项,登录用户账号后可以进行商铺的评分与评论,如图 5.24 所示。

图 5.24　系统提交评论行为

通过表单存储到后台服务器后,在调用训练算法的过程中,将该数据输入到融合用户特征的商铺推荐模型中进行训练,训练过程如图 5.25 所示。为了直观地看到训练的全过程,epoch 仅设置为 3。

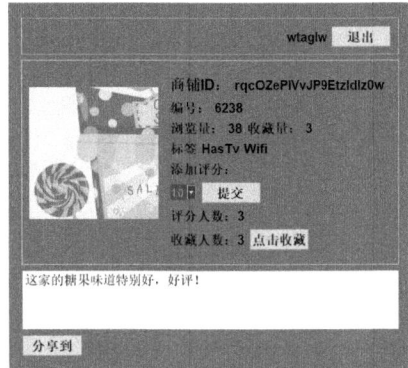

图 5.25　UFFSR 算法训练过程

训练完成后将推荐结果保存到数据库的推荐表中。当用户 sunshine 登录系统时,从数据库的推荐表中获取相应的推荐商铺列表。

　　通过对比图可以看出对于同一用户 sunshine，调用 UFFSR 算法前后商铺推荐系统为其提供的商铺推荐列表差异比较大。调用 UFFSR 算法之前，系统为其提供的是热门商铺推荐列表，有美食类的，也有丽人和酒店等类型商铺，如图 5.26 所示；调用 UFFSR 算法之后，系统为其提供诸如比萨、寿司等美食类型的商铺，如图 5.27 所示，由此可以推断出用户 sunshine 偏好美食类型的商铺。

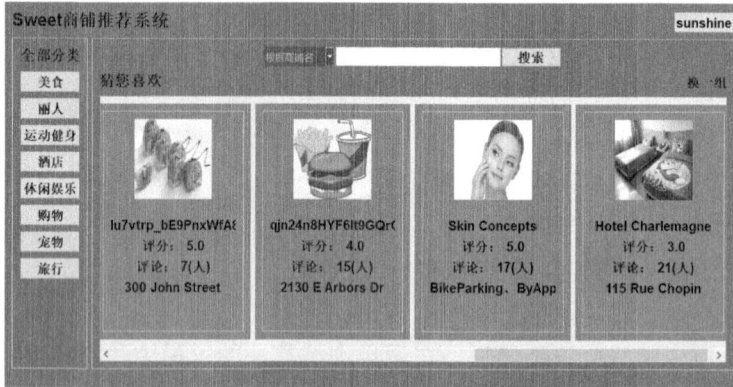

图 5.26　调用 UFFSR 算法前用户 sunshine 的推荐结果列表

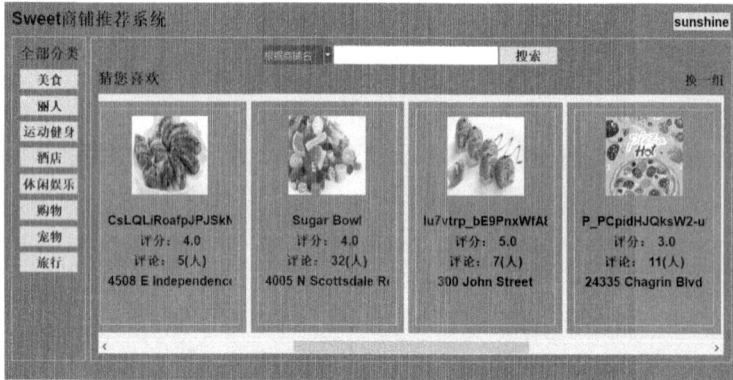

图 5.27　调用 UFFSR 算法后用户 sunshine 的推荐结果列表

参 考 文 献

[1] 郑实福，刘挺，秦兵，等. 自动问答综述[J]. 中文信息学报，2002，6：46-52.

[2] 范士喜，王晓龙，王轩，等. 面向真实环境的问句分析方法[J]. 电子学报，2010，38（5）：1131-1135.

[3] 胡婕，陶宏才. 基于深度学习的领域问答系统的设计与实现[J]. 成都信息工程大学学报，2019，34（3）：232-237.

[4] 钱强. 基于移动学习的自动问答系统设计[J]. 电脑知识与技术，2016，12（21）：81-82.

[5] 田迎，单娅辉，王时绘. 基于知识图谱的抑郁症自动问答系统研究[J]. 湖北大学学报（自然科学版），2020，42（5）：587-591.

[6] 王东波，高瑞卿，沈思，等. 基于深度学习的先秦典籍问句自动分类研究[J]. 情报学报，2018，37（11）：1114-1122.

[7] 羊艳玲，李燕，钟昕妤，等. 基于 BiLSTM-CRF 的中医医案命名实体识别[J]. 中医药信息，2021，38（11）：15-21.

[8] 米健霞，谢红薇. 面向招标物料的命名实体识别研究及应用[J]. 计算机工程与应用，2023，59（12）：314-320.

[9] 王正华，韩永国. 自动问答系统设计与实现[J]. 软件导刊，2014，13（9）：111-113.

[10] 张宁，朱礼军. 中文问答系统问句分析研究综述[J]. 情报工程，2016，2（1）：32-42.

[11] 李心蕾，王昊，刘小敏，等. 面向微博短文本分类的文本向量化方法比较研究[J]. 数据分析与知识发现，2018，2（8）：41-50.

[12] 邓志强，邓林强. Maven 在 Java 项目开发中的应用[J]. 电子元器件与信息技术，2019，3（5）：1-4.

[13] 傅晓巍. 基于 Java 编译器的 Maven 混淆插件的设计与实现[J]. 电脑知识与技术，2018，14（10）：65-67.

[14] 王盗. 浅谈 Java Web 框架课程中 Maven 的教学内容和设计[J]. 电脑知识与技术，2021，17（24）：85-86.

[15] 刘遥峰，王志良，王传经. 中文分词和词性标注模型[J]. 计算机工程，2010，36（4）：17-19.

[16] 张锋，樊孝忠. 基于最大熵模型的交集型切分歧义消解[J]. 北京理工大学学报，2005（7）：590-593.

[17] YAN S, XU R, ZHAO H. How unsupervised learning affects character tagging based Chinese word segmentation: A quantitative investigation[C]// International Conference on Machine Learning & Cybernetics. IEEE, 2009.

[18] 唐涛，周俏丽，张桂平. 统计与规则相结合的术语抽取[J]. 沈阳航空航天大学学报，2011，28（5）：71-74.

[19] 朱聪慧，赵铁军，郑德权. 基于无向图序列标注模型的中文分词词性标注一体化系统[J]. 电子与信息学报，2010，32（3）：700-704.

[20] 郭振，张玉洁，苏晨，等. 基于字符的中文分词、词性标注和依存句法分析联合模型[J]. 中文信息学报，2014，28（6）：1-8.

[21] ZHANG B, MA W Y, XU G, et al. Method and system for mining information based on relationships: ZL12406039[P]. 2015-11-24.

[22] 石祥滨，房雪键，张德园，等. 基于深度学习混合模型迁移学习的图像分类[J]. 系统仿真学报，2016，28（1）：167-173.

[23] CAI S, ZHAO B, HAO J, et al. The impact of the "air pollution prevention and control action plan" on PM2.5 concentrations in Jing-Jin-Ji region during 2012-2020[J]. Science of the Total Environment, 2017, 580: 197-209.

[24] 王步康，王红玲，袁晓虹，等. 基于依存句法分析的中文语义角色标注[J]. 中文信息学报，2010，24（1）：25-29.

[25] 王正华，韩永国. 自动问答系统设计与实现[J]. 软件导刊，2014，13（9）：111-113.

[26] 张纯青，陈超，邵正荣，等. 基于加权词频的信息检索相似度评价模型[J]. 计算机仿真，2008，25（1）：134-137.

[27] 史梦飞，杨燕，贺樑，等. 基于 Bi-LSTM 和 CNN 并包含注意力机制的社区问答问句分类方法[J]. 计算机系统应用，2018，27（9）：157-162.

[28] 张宁，朱礼军. 中文问答系统问句分析研究综述[J]. 情报工程，2016，2（1）：32-42.

[29] 牟宸洲，薛质，施勇. 基于 BiLSTM 和 Attention 的命令序列检测方法[J]. 通信技术，2019，52（12）：3016-3020.

[30] 孙建军. 信息检索技术[M]. 北京：科学出版社，2004.

[31] 张亚萍. 问答系统中问题句分析及答案抽取方法研究[D]. 北京：北京大学，2013.

[32] 陈乐乐，黄松，孙金磊，等. 基于 BM25 算法的问题报告质量检测方法[J]. 清华大学学报（自然科学版），2020，60（10）：829-836.

[33] WU L, HUANG X, ZHOU Y, et al. FDUQA on TREC 2004 QA Track[C]//Proceedings of the Thirteenth Text REtrieval Conference TREC 2004, Gaithersburg, Maryland, November, 2004: 16-19.

[34] YI Y, YIH S W, MEEK C. WIKIQA: A challenge dataset for open-domain question answering[C]// Proceedings of the 2015 Conference on Empirical Methods in Natural Language Processing, 2015.

[35] 曾祥云. 信息检索基础[M]. 成都: 四川科学技术出版社, 2005.

[36] 杨建武, 陈晓鸥. 基于倒排索引的文本相似搜索[J]. 计算机工程, 2005, 31 (5): 3.

[37] BARRIOS F, LOPEZ F, ARGERICH L, et al.Variations of the similarity function of TextRank for automated summarization[C]// Argentine Symposium on Artificial Intelligence (ASAl 2015) JAILO, 2015, 44: 65-72.

[38] 李心蕾, 王昊, 刘小敏, 等. 面向微博短文本分类的文本向量化方法比较研究[J]. 数据分析与知识发现, 2018, 2 (8): 10.

[39] 罗欣, 夏德麟, 晏蒲柳. 基于词频差异的特征选取及改进的 TF-IDF 公式[J]. 计算机应用, 2005, 25 (9): 2031-2033.

[40] 李跃鹏, 金翠, 及俊川. 基于 Word2vec 的关键词提取算法[J]. 科研信息化技术与应用, 2015, 6 (4): 54-59.

[41] 李彦冬, 郝宗波, 雷航. 卷积神经网络研究综述[J]. 计算机应用, 2016, 36 (9): 2508-2515.

[42] 唐寅. 长短时记忆神经网络模型改进[J]. 时代金融, 2016 (24): 281-282.

[43] 张冬瑜, 崔紫娟, 李映夏, 等. 基于 Transformer 和 BERT 的名词隐喻识别[J]. 数据分析与知识发现, 2020, 4 (4): 100-108.

[44] 孙涛, 杨丽, 龚梁, 等. 一种基于 BERT 的智能问答实现方法及系统: 202010449752.1[P]. 2020-05-25.

[45] 王垚, 贾宝龙, 杜依宁, 等. 一种基于 BERT 迁移学习的社交网络抑郁倾向检测模型及其训练方法: ZL202010311770.3[P]. 2020.

[46] 牛志超, 南海涛, 刘林, 等. 基于 BERT 算法模型的知识图谱构建方法: ZL201911114513.4[P]. 2020-06-02.

[47] 夏鹤珑, 严丹丹. 基于多头注意力机制的人物关系抽取方法[J]. 成都工业学院学报, 2020, 23 (1): 32-36.

[48] 游斓, 周雅倩, 黄萱菁, 等. 基于最大熵模型的 QA 系统置信度评分算法[J]. 软件学报, 2005, 16 (8): 8.

[49] 王一蕾, 卓一帆, 吴英杰, 等. 基于深度神经网络的图像碎片化信息问答算法[J]. 计算机研究与发展, 2018, 55 (12): 2600-2610.

[50] 魏志强, 贾东宁, 聂为之, 等. 基于 Scrapy 爬虫框架的数据采集系统及方法: ZL201911376762.0[P]. 2020-05-29.

[51] 张玉梅, 晋艺波. 基于 Web 数据挖掘的武威特色农产品数据分析: 以淘宝电商平台为例[J]. 企业科技与发展, 2019 (9): 161-163.

[52] 胡雯, 李燕. MySQL 数据库存储引擎探析[J]. 软件导刊, 2012, 11 (12): 129-131.

[53] 黄斐. 基于因子分析法和主成分分析法下的河北省主要农产品的国际竞争力分析[J]. 经营管理者, 2010 (20): 300.

[54] 晏国生, 刘君, 朱自平. 特色农产品电子商务平台研究与应用[J]. 农业网络信息, 2010 (1): 72-73.

[55] 于营. 面向微博的网络爬虫数据采集[J]. 信息系统工程, 2017 (12): 36-37.

[56] 杨敏, 徐树. 大数据时代农产品电商化发展研究[J]. 时代经贸, 2016, 356 (3): 44-45.

[57] 钱红兵, 李艳丽, 张蕊. WebCollector 和 ElasticSearch 在高校网站群敏感词检测中的应用研究[J]. 电子设计工程, 2019, 27 (24): 11-14.

[58] 仰燕兰, 金晓雪, 叶桦. ASP. NET AJAX 框架研究及其在 Web 开发中的应用[J]. 计算机应用与软件, 2011(6): 201-204.

[59] 胡瑜, 王立志. 基于 HTML 结构特征的网页信息提取[J]. 辽宁石油化工大学学报, 2009, 29 (3): 65-69.

[60] 杨怀珍, 熊炜. 基于网络层次分析法的农产品第三方物流服务商评价[J]. 统计与信息论坛, 2011, 26 (2): 107-111.

[61] 朱笑笑, 杨尊琦, 刘婧. 基于 Bi-LSTM 和 CRF 的药品不良反应抽取模型构建[J]. 数据分析与知识发现, 2019, 3 (2): 90-97.

[62] 王博, 刘俊康, 陆逢贵, 等. 基于卷积神经网络的食品图像识别[J]. 食品安全质量检测学报, 2019, 10 (18): 6241-6247.

[63] 林兰芬, 于鹏华, 李泽洋. 基于聚类的农产品流通物联网感知数据时空可视化技术[J]. 农业工程学报, 2015, 31 (3): 228-235.

[64] 顾广华, 秦芳. 基于多层次特征表示的图像场景分类算法[J]. 高技术通讯, 2019, 29 (3): 213-221.

[65] 王右雪, 苏清华, 胡中波. 一类 BP 神经网络优化评分预测的协同过滤推荐算法[J]. 长江大学学报(自然科学版), 2018, 15 (17): 5-6, 42-47.

[66] 孟烈钢. 我国农产品电子商务平台建设的评价及建议[J]. 普洱学院学报, 2017, 33 (2): 19-20.

[67] CARPENTER D M, RAMIREZ A. More than one gap: Dropout rate gaps between and among black, Hispanic, and white students[J]. Journal of Advanced Academics, 2007, 19(1): 32-64.

[68] 何昊晨, 张丹红. 基于多维社交关系嵌入的深层图神经网络推荐方法[J]. 计算机应用, 2020, 40 (10): 2795-2803.

[69] 张传龙. 关于农产品信息个性化服务平台研究[J]. 科研, 2016 (7): 108.

[70] 贾永胜. 基于 B/S 模式和三层体系结构的网络考试系统的设计与实现[J]. 数字技术与应用, 2014 (4): 177.

[71] 陈垣毅, 周铭煊, 郑增威. 一种基于用户与商铺网络-物理空间交互行为的商铺推荐算法: ZL201810241563.8[P]. 2018-11-06.

[72] 刘玮, 贺敏, 王丽宏, 等. 基于用户行为特征的微博转发预测研究[J]. 计算机学报, 2016, 39（10）: 1992-2006.

[73] 杨锡慧. 基于融合卷积神经网络的协同过滤模型[J]. 软件导刊, 2017, 16（12）: 44-48.

[74] 崔博洋, 王永林, 王云, 等. 基于长短期记忆神经网络的吸收塔 pH 值预测模型[J]. 华电技术, 2020, 42（9）: 32-36.

[75] 颜梦香, 姬东鸿, 任亚峰. 基于层次注意力机制神经网络模型的虚假评论识别[J]. 计算机应用, 2019, 39（7）: 1925-1930.

[76] 侯越, 谢斌, 陈佳兴. 融合评分矩阵和评论文本的 Deep-FRR 评分预测模型[J]. 兰州交通大学学报, 2020, 39（5）: 48-54.

[77] 王佰玲, 田志宏, 张永铮. 奇异值分解算法优化[J]. 电子学报, 2010, 38（10）: 2234-2239.

[78] 王宇辰. 非负矩阵分解算法综述[J]. 数字技术与应用, 2021, 39（2）: 112-114.

[79] 王静, 邹慧敏, 曲东东, 等. 基于经验模态分解生成对抗网络的金融时间序列预测[M]. 北京: 中国时代经济出版社, 2014.

[80] 王进, 史其信. 短时交通流预测模型综述[J]. 中国公共安全: 学术卷, 2005（1）: 92-98.

[81] 蔡惠. 基于移动终端的智能点餐系统分析设计[J]. 计算机光盘软件与应用, 2014, 17（15）: 290-291.

[82] 顾春华. 软件工程技术与应用[M]. 北京: 清华大学出版社, 2007.

[83] 张燕平, 张顺, 钱付兰, 等. 基于用户声誉的鲁棒协同推荐算法[J]. 自动化学报, 2015, 41（5）: 1004-1012.